读故事，学交际

陈进成 ◎ 著

总主编◎刘德海

**人文社会科学通识文丛**

南京大学出版社

**图书在版编目(CIP)数据**

读故事，学交际 / 陈进成著. —— 南京 ：南京大学
出版社，2015.2
（人文社会科学通识文丛）
ISBN 978 - 7 - 305 - 14768 - 5

Ⅰ.①读… Ⅱ.①陈… Ⅲ.①人际关系学－青少年读
物 Ⅳ.①C912.1 - 49

中国版本图书馆 CIP 数据核字(2015)第 036000 号

出版发行　南京大学出版社
社　　　址　南京市汉口路 22 号　　　　　邮　编　210093
出 版 人　金鑫荣
丛 书 名　人文社会科学通识文丛
总 主 编　刘德海
副总主编　汪兴国　徐之顺
书　　　名　**读故事，学交际**
著　　　者　陈进成
责任编辑　刘　红　杨金荣　　　　　编辑热线　025 - 83686029
责任校对　钱　辛
照　　　排　南京南琳图文制作有限公司
印　　　刷　扬州市江扬印务有限公司
开　　　本　787×960　1/16　印张 11.75　字数 147 千字
版　　　次　2015 年 2 月第 1 版　2015 年 2 月第 1 次印刷
ISBN 978 - 7 - 305 - 14768 - 5
定　　　价　28.00 元

网址：http://www.njupco.com
官方微博：http://weibo.com/njupco
官方微信号：njupress
销售咨询热线：(025) 83594756

# 练就好交际，成就好人生

蔡志荣

社会是一群人的组合。

勾心斗角、尔虞我诈，并不能让你获得真正恒久的合作关系，只有真心诚意，广结善缘，妥善经营人际关系，才是成功人生的致胜之道。

《读故事，学交际》这本书，在充分展现交际知识与技巧的基础上，以深入浅出的小故事阐述了练就卓越交际的基本要领，告诉你如何建立起良善的人际关系，让你不再视交际为畏途，取而代之的是朝气蓬勃的生活态度与方法，有了正确的态度之后，再困难的人际关系障碍，都能迎刃而解。

当你跨出了第一步人际关系，自然而然，你的态度就会充满自信与沉稳，随之而来的广大人脉与无穷商机也将就此展开。

交际，是人际沟通的桥梁，是待人处世的艺术，是开启成功之门的钥匙；交际越广，人生就越幸福。

人生如大海，处处有风浪，擅于交际的人，潜入人群的大海中，就好像鱼进入了水里，逍遥自在，甚至好像蛟龙入海，能够号召水族，翻江倒海。交际，无疑是魅力的汲井，能增加你的吸引力，使你成为一个广受欢迎，甚至具有群众魅力的人。

通过交际在职场、推销、谈判、交友各方面中的种种实际运用，你就能理解做人处事的艺术，练就高超的交际能力，为人生的成功铺开金光大道。说话到位，事半功倍；练就好交际，成就好人生。

（笔者为美商格瑞夫投资管理有限公司亚太区总裁）

# 交际是人生的必修课

洪健桦

随着社会的进步和文明的发展,现代人的社会交往日益频繁,交际应酬,已经成了人们生活中不可或缺的内容。懂得交际,会替你的人际交往增添一抹亮色;学会交际,会让你的生活更加幸福快乐。交际,是学问,也是艺术。通过交际,人们不仅可以互通讯息,资源共享,还可以沟通心灵,建立人脉,逐步迈向成功。

《读故事,学交际》这本书,以大量易懂的小故事,循序渐进地向你详细讲述了日常工作、学习、生活、交往中应该注意的方方面面,以明快流畅的文字、深入细致的分析,向你传授成功交际的秘诀,让你轻松领略交际的技巧和策略,将交际的内涵不断延伸,在现代生活的钢铁丛林中生存与取胜。

如果你正处在人生低谷,在寒冬里寻求成功之路,你会需要这本书。

如果你正处在事业高峰,在春风中憧憬人生之巅,你更需要这本书。

如果你想要取得立足之地,拥有一片自己的天空,绝对无法离开人与人之间的交往。

卡内基说:"专业知识在一个人成功中的作用只占一成五,其余八成五则取决于人际关系。"

所谓的人际关系,也就是会说话。话说得滴水不漏,事做得天衣无缝,只有这样,才算是把握了成功交际的真谛。如何才能掌握交际的艺术? 答案尽在这本书里。

(笔者为国巨股份有限公司前法务长)

# 成功赢在交际

陈进成

在现代生活中，为了生存，我们必然要与别人建立联系，相互交流，形成各种各样的群体，产生不同的行为，进而也就建立了各种人际关系。在谈论人际交往的重要性之前，我们先来读一篇寓言故事。

有一天，青蛙遇见了蜘蛛，忍不住大吐苦水。

"我这辈子每天都忙忙碌碌地工作，却只能勉强填饱肚子；如今我年老力衰，本领大不如前，迟早会饿死的……而你，整日养尊处优，不用劳动就能丰衣足食，即使老了也不愁吃喝，只要将网张开，美味佳肴就会送上门来……我真羡慕你啊！"

蜘蛛回答："亲爱的青蛙兄弟，当初我也是千辛万苦才织成了今天的网，即使是现在，我也得随时修复蛛网的破洞。我之所以老有所依，是因为我靠着蛛网生活；如果我也像你一样每天来回奔波，说不定会比你凄惨百倍。"

你想当青蛙还是蜘蛛？答案不言而喻。不幸的是，如果你没有织出一张属于自己的人际关系网，你就只能当一只每天靠着双腿奔波的青蛙。

有位哲人说过："没有交际能力的人，就像陆地上的船，永远到不了人生的大海。"

生活，就是与人相处；相处好，生活就好。曾经有统计数据表明，良

i

好的人际关系,可以使工作成功率与个人幸福达标率在八成以上;良好的人际关系,是一个人心理健康,工作与生活具有幸福感的重要条件之一。

如果你拥有良好的交际能力和高超的处世技巧,就拥有了开启成功之门的金钥匙,正如成功学大师戴尔·卡内基所言:专业知识在一个人成功中的作用只占一成五,其余八成五取决于人际关系。

遗憾的是,现实中被人际关系所困扰的人实在太多了。

他们渴望与别人建立和谐融洽的人际关系,却往往不得要领,甚至时常碰钉子,因而郁郁寡欢,生活也常常因此失去了光彩和意义。

这也是我之所以写这本书的原因。

在职场中打滚多年,风风雨雨一路走来,我不得不说,不管公司大小,不管公司是什么类型,一定都有着各种不同类型的人;当"人"的后面加上了"们",当 Person 变成了 People,人与人之间就出现了各种不同的活动与联系,然后产生了各种不同原因、不同方式的摩擦与纷争。

诸君,这就是人,各种不同的人。

无论是什么公司,都不可能没有人——没有人的公司那是贩卖机,就算是贩卖机,也得每天面对各种拿着硬币来买饮料零食的人。

有的人在贩卖机前犹豫不决,有的人习惯大力拍打按钮,有的人被吃钱会怒骂出声,甚至拳打脚踢……各种不同的人待在一起,就一定会有交集,然后产生了交际。这是最基本的,不可能避免的事情。

如果连最基本的东西都做不好,后面的什么都不用说了。

好好做人,把人做好;然后才能好好做事,把事做好。

与诸君共勉之。

# 目　录

# 1 个人品牌建立
## 就是交际的起点

　　建立个人品牌是二十一世纪新工作的生存
法则。

　　个人品牌的价值，就是你能力的价值，也是
交际能力的第一步。

　　建立你的个人品牌，就是赢在起跑点。

# 个人品牌由魅力出发

魅力是一种能使人开颜、消怒，并且悦人和迷人的神秘品质。它不像水龙头那样随开随关，突然迸发；它像根丝，巧妙编织在性格里，闪闪发光，光明灿烂，经久不灭。

——西尔维亚·普拉斯

## 读故事

新学期的第一天，大家都聚在报到大厅里，其中有两个女孩非常惹人关注，不但衣着打扮极其怪异，而且坐在椅子上把腿跷得高高的，大声谈笑，旁若无人，周围人纷纷侧目而视。

这时候，进来一位女教师，她身穿蓝色长裙，头发绾成一个漂亮的发髻，戴着眼镜，一副温文尔雅的样子。

女教师缓缓走到大声喧哗的两个女孩面前，轻轻拍了拍她们的腿，微笑着说："漂亮妹妹，把腿放下来好吗？"

奇怪的是，看上去很跋扈的两个女生，竟然听话地把腿放了下来，规规矩矩地坐好。

 学交际

故事里的安妮老师并没有疾言厉色，而是透过温柔的语言将问题化解。兵法上说"兵不血刃"，指的是不经战斗就取得了胜利，这是一种高境界和高智慧使然。

为什么安妮老师在处理这件事情上会取得如此的效果呢？

仔细分析一下，我们不难发现，她靠的也是这种智慧，但这种智慧多半是凭借着个人魅力。

在中文里，魅力一词被解释为"一种能吸引人的力量"。在古汉语中，"魅"是传说里的魔怪精灵，出没于荒凉无人之境，具有神秘的传奇意味。耐人寻味的是，在英语中，与"魅力"相关的三个词汇也都与"魔怪"有关：Charm 意为"魅力"，同时又有"魔力"的意思，还可作为"魅惑"解；Enchantment 意为"魅力"和"妖术"；Glamour 同样也是"魅力"，兼有"迷惑"的意思。可见，"魅力"隐含着一种超自然的神奇感，词义很可能是由神秘的魔力、魔法引申而来的。

人是一种感情动物，而感情则是衡量人与人心理距离的一把尺。感情好，心理距离必然小，形同陌路的人也可以变成手足兄弟；感情不好，亲兄弟也会反目成仇。关系靠感情来维系，那感情靠什么来维系？魅力。

一个人的魅力，犹如一块磁石，总会有一个吸引对方的强大磁场，让别人认可他。所以说，提升个人魅力就意味着提升个人的竞争力，对一个人的人际关系和职业发展非常有帮助。一般来说，重视自身魅力的人，也更重视人际关系的协调和配合。

魅力是由内而外散发出来的吸引人的气质，想让自己魅力四射，不妨从以下几方面入手。

1. 专注、认真、礼数、创意、才情、体贴、情绪管理……甚至是基本的微笑，都是衡量一个人魅力指数的重要因素。

2. 坦诚的目光，真诚的笑容，积极的态度，优雅的穿着，认真倾听，是提升个人魅力、改善人际关系的技巧。

3. 在与别人交谈时，自然地注视对方的眼睛，会令人感觉有礼貌和真诚，尤其是握手时，更应该直视对方的眼睛，与对方眼神交流。

4. 国外有一句处世格言："一个人的微笑价值百万。"这句话一点也不夸张。微笑让别人在与你交往时感觉舒畅，这正是有魅力的人的交际绝招。

5. 在与别人交谈时，尽量避免消极的东西。认真地关注并倾听他人说话，令对方感觉良好。综合运用这些技巧，你会发现，自己变成了人群中熠熠生辉的那个人。

 小知识

**人际交往中，你是哪种人？**

请对下列问题做出"是"或"否"的选择。

1. 碰到熟人时我会主动打招呼。

2. 我常主动写信给友人表达思念。

3. 旅行时我常与不相识的人闲谈。

4. 有朋友来访，我从心里感到高兴。

5. 没有朋友引见，我很少主动与陌生人谈话。

6. 我喜欢在群体中发表自己的见解。

7. 我同情弱者。

8. 我喜欢给别人出主意。

9. 我不喜欢独自做事。

10. 我很容易被朋友说服。

11. 我总是很注意自己的仪表。

12. 如果我约会迟到，会长时间感到不安。

13. 我很少与异性交往。

14. 我去朋友家作客都感到很自在。

15. 与朋友一起乘公共汽车时，我不在乎谁买票。

16. 给朋友写信时，经常诉说自己最近的烦恼。

17. 我常能交上新的知心朋友。

18. 我喜欢和有特点的人交朋友。

19. 我觉得随便暴露自己的内心世界是很危险的事。

20. 我对发表意见很慎重。

【评分标准】　第 1、2、3、4、6、7、8、9、10、11、12、13、16、17、18 解答"是"记 1 分；答"否"不记分，第 5、14、15、19、20 题答"否"记 1 分，答"是"不记分。

【解答】

A. 1—5 题得分表示交往的主动性水平，得分高说明交往偏于主动型，得分低则偏于被动型。

B. 6—10 题得分表示交往的支配性水平，得分高表明交往偏向于领袖型，得分低则偏于依从型。

C. 11—15 题得分表示交往的规范性程度，得分高意味着交往注重严谨，得分低则说明交往较为随便。

D. 16—20 题得分表示交往的开放性程度，得分高偏于开放型；得分低则意味着倾向于保守型，如果得分处于中等水准，则表明交往倾向不明显，属于中间综合型的交往者。

# 2

# 自信是交际成功的第一步

社交场上的信心比机智更加重要。

——拉罗什富科

## 读故事

全球第一的 CEO 是谁？

很多人不仅知道姓名，就连公司的名称都能答得准确无误——美国通用电器公司前首席执行官：杰克·韦尔奇。

可是却很少有人知道杰克·韦尔奇从小就患有口吃症。

那么，他是如何在通用电气公司担任首席执行官的 20 年职业生涯中，显示出非凡的领导才能呢？

用韦尔奇的一句至理名言来解读，那就是："所有的管理都是围绕自信展开的。"

那么，自幼就患有口吃症的韦尔奇的自信来自于哪里呢？

这就不得不说起一位伟大的母亲了。

韦尔奇的母亲深信，一个充满自信的人才会是受人欢迎的人，因此，她下定决心，要让儿子充满自信地生活。

当韦尔奇因为口吃经常出丑而被人嘲笑时，他的母亲并没有因此而沮丧，而是将韦尔奇的缺陷变成了一种激励，她对韦尔奇说："这是因为你太聪明了，舌头跟不上你聪明的脑袋。"韦尔奇相信了母亲的话，这种鼓励，让韦尔奇顺利地完成了他的学业，并开始了他的事业。

童年时代，韦尔奇参加了学校篮球队，可是他个子矮小，在别人眼里，根本不适合打篮球。当韦尔奇把这件事情告诉母亲时，母亲说："你想做什么尽管去做，一定会成功的！"母亲的鼓励再次给了韦尔奇自信，个头仅仅是其他球员四分之三的他，很多年后再次看到那张合影时，才注意到自己在这群球员当中是那么弱小。

如今，很多人被韦尔奇的故事所感动，尤其当知道他的缺陷时，对他更加不由得升起敬意，甚至有人开玩笑："原来口吃有这样的好处？我恨不得也口吃！"

## 学交际

当你面对大众时，害怕侃侃而谈；当你和陌生人交往时，紧张得无所适从，甚至面红心跳……在这些情况出现时，你的自信已经亮起了红灯，你的谈吐也会因为缺少自信而出现障碍，使交际无法进行下去。这个时候，你需要好好做一番恢复自信的工作了。

你可以从以下六个方面入手，让自信的阳光洒满交际的每一个角落。

1. 重塑自己的仪表。

人们在与陌生人第一次见面时往往会透过直觉来判断对方。端庄、大方、得体的仪表，会让人心生好感，给对方留下深刻的印象，为以后的交际发展奠定一个良好基础。所以，我们可以在衣饰、神态、举止上来做适当的调整，重塑一个崭新的自我。

2. 积极的自我暗示。

用积极的方式进行自我暗示。其中一项比较简单的办法，就是大声将自己要说的话说出来，并告诉自己："我的智慧足够让我实现自己的理想！""我是一个优秀的人，没有人会嘲笑我！""我是最棒的！"一般来说，肯定的语句越简短，表达的感情就越真挚而强烈，效果也就越明显。

著名学者赫巴特曾说过："当你出门时，请收起下巴，抬起额头，肺部吸满空气；碰到朋友，先微笑着向他打个招呼；和人握手时要精神饱满；不要浪费哪怕一秒钟去想你的仇敌；做事打定主意，不要常常改变方向，一直向着既定目标前进；把你的心完全放在你所希望的事情上。这样下去，总有一天你会知道，你已经在无意中抓住了完成理想的机会。正如同珊瑚虫一样，从湍急的潮水中汲取了它所需要的营养。"

这段话，也同样适用于想在社交中取得成功的我们。

3. 走出自我封闭的牢笼。

缺乏自信，人就容易自我封闭，所以你应该时刻警醒自己，不能再这样下去了，努力走出自己狭窄的圈子。可以有计划地使自己逐步变得开朗起来，比如先从熟悉的人开始，然后逐渐扩大范围。平时也可以锻炼自己语言表达的能力，比如对着镜子练习自己的表情等。

4. 培养主动与人打招呼的习惯。

如果你主动与人打招呼，主动与人沟通，主动与人友善，主动帮助别人，那么你在整个人际交往中就会游刃有余。这在社交中被称为"主场优势"，就像在自己地盘一样拥有主动权。当你主动与人打招呼并热情地看着对方时，对方会感觉到你的自信，也会很愿意接受你提出的话题。

5. 锻炼自己正视别人的能力。

不敢正视别人的人，给人的感觉会像是做了亏心事。如果这种行为成为习惯，则更加严重。敢于正视别人，眼光流露出心中的坦诚，别人就容易相信你。俗话说得好，眼睛是心灵的窗户，人们习惯透过眼神来判断一个人的心思，所以我们应该学会正视别人。

6. 做一个有主见的人。

没有主见的人，是不会受人尊重的，也很难使人产生信任感。一个成功的人士，一定是一个有主见的人，因为没有主见会让人毫无定性，当然很难有良好的人际关系。

 小知识

**十五个心理暗示法，让你获得自信！**

❖ 杜绝负面词汇，如"毕竟"、"反正"等。

❖ 善于用肯定的方式表达事物，逐渐树立自信。

❖ 当自卑在内心产生时，就要立刻打消。

❖ 避开或者替代掉令自己感到敏感的词汇。

❖ 将抽象问题理出头绪，加以具体化，有利于增强信心。

❖ 没有信心时就去做最擅长的事情，剩下的事情放在后面处理。

❖ 未雨绸缪，凡事都先想过最坏的结果。

❖ 用鼓励的话来平息自己内心的不安，如"没有过不去的事情"。

❖ 遇到任何事情都不能自甘堕落，俗话讲得好"哀莫大于心死"。

❖ 心烦时，找个无人的地方发泄一下。

❖ 怯场时想象自己完成任务后的快乐。

❖ 失落时找最能鼓舞你的朋友去大聊特聊。

❖ 将自己的烦心事写到纸上，写完之后就销毁它。

❖ 允许自己偶尔满腹牢骚，因为人非圣贤。

❖ 要相信自己没有说错。

# 3

# 好形象决定好前途

专业知识在一个人成功中的作用只占一成五,而其余的八成五则取决于人际关系。

——戴尔·卡内基

## 读故事

凯伦在公司工作了三年,一直没有升职,晚来的同事都先后成了她的上司。眼看着后辈爬到自己头上,凯伦自认工作业绩和人际关系两方面都没有问题,忍不住去找经理:"经理,你是不是对我的能力不满意?"

经理笑着回答:"怎么会呢?你很有能力!""那么,你看不起女人,认为女人没有管理能力?"

"本公司没有性别歧视。""我已经三年没升职了,问题到底出在哪?"凯伦的语气宛如深宫怨妇。

经理支吾了半天,最后叹了口气,说出了真正的原因。

原来凯伦身材姣好,又喜欢较为轻松的穿着,于是只要她一低下身,就会不可避免地让其他人看到深邃的事业线;再加上凯伦平时讲话娇滴滴的语气，实在很难让经理把她升上管理岗位。

在心理学中，有所谓的初始效应（Primacy Effect），指的是个体在社会认知过程中，透过"第一印象"最先得到的信息，对客体以后的认知产生的影响。

在社会认知中，个体获得对方第一印象的认知线索，主要是相貌、表情、姿态、身材、仪表、服装等外部信息，这些首次获得的信息，往往成为以后认知与评价的重要根据。因此，我们不难理解第一印象为什么会如此重要了。

研究表明，五成的第一印象是由外表决定，而人们很容易透过第一印象就把这个人简单地分类。故事中的凯伦，在工作场合穿着性感，不免给人一种轻浮的感觉。这样的人，经理怎么可能升她的职，让她去领导别人？

无论是公共场所还是私人聚会，只要与人进行交往，穿着打扮、言行举止等外在形象就会出现在他人的眼里，并留下深刻印象。

因此，一个人外在形象的好坏，直接关系到社交活动的成功与失败。

针对个人形象问题，以下有几个实用的建议可供参考：

1. 解决好形象的"焦点"问题。

穿着是我们认识陌生人的第一切入点。穿着邋遢的人，我们会认为他不拘小节，不适合做科研技术工作；穿着古板的人，我们会认为他守旧，不适合开拓创新的工作；对于衣着过于超前的人，我们会认为他的思想偏激轻率，很难担当重任。这几种情况都会让人得出"此人不好接近"的结论，自然会影响社交中的形象。

俗话说得好，人要衣装，佛要金装。大方得体的穿着，在某种程度上，能够影响你的可信度、身份、地位、品味甚至能力。所以，千万不能小看了这张"皮"。

2. 注意自己的言行举止。

语言是沟通的工具，良好的语言能力能够让你顺利建立人际关系。很多口拙的人，总是担心无法用言谈打动别人，越渴求越会显得拙笨，进而造成精神上的紧张，使表情动作变得十分僵硬。而那些幽默的人往往能在交际的第一时间，凭着出色的语言吸引对方，使对方很快消除敌意和戒备心理，使交际进一步深入。

在社交中，幽默的语言能够迅速打开交际局面，不仅可以缓解紧张气氛，还可以用来含蓄地拒绝对方，或者进行善意的批评。我们平时不妨积累一些妙趣横生的小故事，为幽默语言积累一些素材。

3. 发挥自己的性别优势。

一个男人，如果拥有豪爽粗犷的性格、伟岸的身躯，怎能不吸引女性的喜爱？一个温柔贤惠、婀娜多姿、清纯可爱的女人，又怎能不吸引男性的追捧？每个人都有优点，我们可以凭借这些优点，将自身的性别魅力发挥到极致，来推动交际的完成。

4. 别忘记微笑。

俗话说，伸手不打笑脸人。在社交场合，笑眯眯的人总是受欢迎的，不仅可以吸引别人的注意，还可以让自己和他人的心情放松。有魅力的人，往往都是常常微笑的人。所以，真诚地微笑吧，你会打动每一个人。打理好自己的形象，是取得交际成功、赢得完美人生的重要法则。

**打造自我形象的四个阶段**

第一阶段：正确、客观地定位自我形象。

正确地认识自身形象的特点，才能为自己选择合适的形象定位。比如了解适合自己的色彩、适合自己的服装款式和风格、适合自己的发型等。

第二阶段：培养审美观。

对于一些打扮得体的人，我们会说这个人很有审美水平，反之，我们会说这个人丝毫没有审美水平，所以平时我们应该注意提高自己的审美水平。这也是一种性情的培养，需要一定的耐心与时间。

第三阶段：学习更多装扮技巧。

平时可以透过一些时尚节目或者杂志来学习一些装扮技巧，比如色彩搭配、款式搭配、发型搭配等；不同的场合应该装扮什么样的形象，这里面有很多学问，我们不妨平时多学习这方面的知识。

第四阶段：不同场合穿着得体。

学会举一反三，使自己在各种场合下都能选择得体的服装，展现自己独特的风采。

# 4

# 乔·吉拉德的名片营销学

> 我们或多或少乐于与平庸者打交道,因为那会使我们心安理得,产生一种与自己交往的舒适感觉。
>
> ——歌德

## 读故事

世界著名推销大师乔·吉拉德,曾经创下平均每天销售六辆汽车,最高月销售达 174 辆汽车的神话。他如何创下如此不可思议的辉煌业绩?

乔·吉拉德是一个非常善于递名片的人,他知道,许多人眼里那张小小的名片,其实能带来最大的商机。当他去看棒球比赛、篮球比赛时,每当比赛进入高潮,人们纷纷起身欢呼雀跃的时候,他会将名片像雪花一样撒向天空;当他去餐厅吃饭付账时,他会多付些小费给服务生,再留下一些名片,让服务生为他发名片;每个月他都会寄给客户精美的卡片,不同的是,乔·吉拉德从来不在卡片上写降价促销信息,只写下真诚祝福的话语:"圣诞快乐"、"情人节快乐"等等,然后再加上一张自己的名片;就连在付账单的时候,他也不会忘记在里面加几张自己的名片。

乔·吉拉德是这样说的:"我随时都在推销自己,我用这种方式告诉每一个人我是谁,我的职业是什么,我卖的产品是什么,我要让每一个想买车的人都会想到我,都来联系我。我的推销无时无刻不在进行,但很多销售人员往往意识不到这一点。"

乔·吉拉德于1987年1月退休之后,至今仍无人能打破他的销售纪录。

当今社会,无论商务活动还是其他活动,递名片都成了交际的通行证。如果能够巧妙使用名片,就可攻破对方心理防线,达到事半功倍的作用。

1. 名片可以提升自我价值。

从某种意义上来讲,名片也是一种身份的象征。它上面记载着一个人的工作成绩,并投射出这个人的个人魅力,进而增强了个人信心。

2. 小小名片能透露出交往对象的性格。

能够获取大量名片的人,说明这个人具有较强的交际能力;不分场合乱发名片的人,大多很有野心,表现欲较强;经常说"名片用完了"的人,通常做事缺少计划,性格轻率鲁莽……这些小秘密能帮助你简单判断对方的性格特点,在谈判中有的放矢。

3. 名片上表达的实用信息。

名片上除了姓名、职位、单位外,还有一些非常有用的信息,这些信息可以帮助我们掌握一些心理效应,比如根据对方的职位、名片的设计,找出一些与自己相近的地方,拉近彼此的距离,这往往会产生意想不到的效果。

既然名片是现代人社交活动的重要工具，那么名片的递送、接受、存放，也要讲究一定的社交礼仪。

第一，递送名片这样做：

交换名片应该遵循一个"先客后主，先低后高"的原则。在与多人交换名片时可以按照职位高低依次进行，或者由近及远的顺序依序进行，切勿跳跃进行，否则会给人厚此薄彼的感觉。

在递送名片时，应双手奉上，将名片的正面朝向对方。同时应目不斜视、面带微笑地面向对方，并大方地说："这是我的名片，请您多多关照！"

另外，递送名片应该在自我介绍之后，发名片前应该确认对方的身分，不能无原则地乱发名片。

第二，接受名片这样做：

在接受对方名片时应该起身，并面带微笑注视对方，然后阅读对方名片，读出对方的姓名、职位。接受对方名片后，应该回敬给对方自己的名片，如果未带，也应该表示歉意。对方名片应该在话题结束后，离场前谨慎收起。

第三，存放名片这样做：

为了表示对别人的尊敬，应该将对方名片放入名片夹里，如果没有，也应该放入西服左胸的衣袋里，千万不可以随意乱扔。

第四，认人小贴士：

如果有好几位生面孔，不妨将名片按照座位顺序摆放在自己面前，方便认人。

# 抓住黄金四分钟

我喜欢的幽默，是能使我发笑五秒钟而沉思十分钟的那一种。

——威廉·戴维

1984 年 5 月，美国总统里根去上海复旦大学进行演讲。

面对着一百多位初次见面的学生，里根的开场白是："其实我和贵校有着密切的关系。你们的校长与我的夫人南希是美国史密斯学院的校友，照此看来，我和各位自然也就都是朋友了！"

此话一出，全场鼓掌。短短的几句话，就使这些黑眼睛黑头发黄皮肤的大学生们，把里根总统当成了十分亲近的朋友，接下去的交谈自然十分热烈，气氛也极为融洽。

学交际

与陌生人相识，有时候我们会相见恨晚，但对很多人来讲，这种现象发生的机率很小。如果你具有与陌生人一见如故的才能，一定会相交满天下，做事也会得到很多便利；反之，如果你不善于跟陌生人交往，很可能会在交际中处处受挫。

心理学家曾做过一个实验：让十名女孩排成一列，站在受试者面前。这些女孩和所有受试者都是第一次见面。其中八个女孩，穿着得体，容貌出众，另外两个女孩则衣着寒酸，容貌一般。心理学家暗示受试者，十名女孩中有一个是惯偷。实验结果，居然有八成的人认为两名衣着寒酸的女孩中有一个是惯偷。

这个实验证实了人的偏见是相当强烈的，心理学家将其称为"心理定向"。这种理论证明：和人接触最初的几分钟，第一印象是非常重要的。

按照信纳德·佐宁博士在《交际》一书中的观点，陌生人之间接触的前四分钟是至关重要的，他说："当你在社交场合中遇到陌生人，你应该把注意力集中在他身上四分钟。很多人的生活将因此而改变。"

三国时代的鲁肃是一位交际大师，为了联刘抗曹，他见到诸葛亮的第一句话是："我是你哥哥诸葛瑾的好朋友。"一下子就拉近了两人之间的心理距离，让诸葛亮对他有了一见如故的好感，为孙刘联盟的结成打下了基础。

如何才能在最初的四分钟里与陌生人一见如故？下面几种开场白能收到立竿见影的奇效。

1. 问候一定要真诚。

中国人讲究礼仪，俗话也说礼多人不怪。初次见面，人们的礼节都很周到，比如热情地握手，问候一声，在进一步的交谈中，也可问及对方一些关心的话题，然后才缓慢切入正题。问候时一定要诚心实意，恰到好处，这样就能轻松缓解初次相见的尴尬和不适。

2. 缩短彼此的距离。

一般来说，任何一个素不相识者，只要事先做一番认真的调查研究，你都可以找到或显或隐、或近或远的亲友关系。在这里，我们讲的攀关系并不是趋迎奉承，而是找一个切入点，巧妙地拉近彼此之间的距离，使对方感到亲切。

3. 从对方的专长入手。

每一个人都喜欢谈自己的优点和擅长熟知的领域，这是天性。所以，跟陌生人交谈时，直接或间接以赞扬对方的长处作为开场白，能使对方高兴，对你产生好感，交谈的积极性也就增加了；反之，如果有意无意触及对方的短处，对方的自尊心受伤，就会感到"话不投机半句多"。

被誉为"销售权威"的霍依拉先生的交际诀窍是：初次交谈一定要扬人之长，避人之短。有一次，他前去拜访梅伊百货公司总经理，想替报社拉广告，寒暄之后，霍依拉突然发问："您是在什么时候学会开飞机的？作为商业人士，会开飞机可真不简单啊。"话音刚落，总经理兴奋异常，谈兴勃发，广告的事当然不在话下。不仅如此，霍依拉还被总经理热情地邀请去乘他的自备飞机呢。

4. 用友情来感动对方。

肯定对方的为人、成就，安慰对方遇到的不幸，帮助对方解决眼前的困难等，都会使对方感到温暖，进而愿意与你交往。

5. 提起对方交谈的兴趣。

风趣幽默的语言，不仅可以化解尴尬拘束，而且可以引起对方继续交谈的兴趣。

在课堂上，学生看到秃头老教授都在私底下窃笑。老教授并没有生气，而是一本正经地指指自己的头发："你们是在讨论如何让我再次长出头发的方法吗？如果是这样，欢迎提出好的建议，要知道，这件事已经折磨我很多年了。"学生们顿时觉得教授很亲切，并且充满了智慧，纷纷提出了一些保护头发的建议，尴尬的气氛就这样被化解了。

**两手相"握"学问多**

握手是互相致意的世界语言。我们在握手时应注意些什么呢？

❖ 在握手时，为了表示对别人的尊重，手一定要保持清洁。

❖ 通常情况下，一个身体健全的人应该用右手与人握手。如果戴手套，握手前应该轻轻脱掉手套并放在一旁。女性可以不脱手套，但是面对长辈则一定要脱手套。如果是平辈，女性脱去手套，则是表示对对方的特别尊重。

❖ 握手应该遵循以下次序：长者优先伸手，女士优先伸手，尊者优先伸手。另外，如果是两对夫妻见面的话，则是女士之间优先，男士和对方女士其次，男士和男士最后的原则。对于客人来访，则遵循主人优先伸手的原则，送客时则是客人优先伸手。

❖ 与人握手时不能心不在焉，东张西望，也不能对别人伸出来的手迟迟不握。

❖ 握手时身体应该向前微倾，握手力道要适度，时间应该稍微保持几秒钟，握手时一定要握住全手，而不应该只是握住手指。

# 2 公关女王不会告诉你的人脉笔记

人脉资源是一种潜在的无形资产。

公关女王的人脉笔记:上有达官贵人,下有平民百姓……

不为人知的人脉交际网,默默织出了成功人生。

# ① 成功在于你认识谁

有朋自远方来,不亦乐乎。

——孔子

## 读故事

杰克是一位非常优秀的商人,有一次聚会,他遇到了比尔·盖茨。

杰克说:"我把一个好男人介绍给你女儿如何?"

比尔·盖茨说:"我女儿还没有打算嫁人。"

杰克说:"可是这位优秀的男人是世界银行的副总裁。"

比尔·盖茨若有所思:"如果是这样的话……"

过两天,杰克来到世界银行总裁办公室求见总裁。

杰克说:"我想推荐一位年轻人担任贵银行的副总裁。"

总裁说:"对不起,银行现在没有副总裁的职缺。"

杰克说:"可是这位年轻人是比尔·盖茨的女婿。"

总裁若有所思:"如果是这样的话……"

于是,杰克的儿子娶到了比尔·盖茨的女儿,又当上了世界银行的副总裁。

故事虽然是虚构的，但它表达了一个人际关系的重要法则——成功在于你认识谁。我们该如何扩大自己的人际圈，结识更多有价值的人？不妨从以下几个方面入手。

1. 提高自己的沟通能力。

沟通是接近别人，了解别人需求与愿望，并适时做出正确反应的一种能力；沟通就像是一把钥匙，能否打开人际关系这扇门，要看钥匙灵不灵。

提高沟通能力，最关键的要素是倾听。著名的大商人胡雪岩就是一位非常善于倾听的人，无论对方是谁，说话水平如何，他都会双眼注视对方，认真倾听，一旦开口则会一语中的，因此很多人都非常喜欢和他聊天。

2. 赞美是最佳催化剂。

钢铁大王卡内基在 1921 年以百万美元年薪聘用了一位执行官，他的名字叫夏布。

卡内基说："夏布相当擅长赞美别人，这就是他最值钱的本事。"

懂得赞美别人，就能使人快乐，没有人会讨厌使自己快乐的人。

3. 让你的人脉发挥作用。

美国《华尔街日报》曾经做过一项调查，结果显示，高达九成五的人透过自己的人脉找到工作，五成以上的人认为透过熟人介绍找到工作，是最便捷有效的方式。人们根据自己的人脉涉及领域，来实现对自己的支持和帮助。

4. 参加社团扩大自己的人脉。

现代人工作忙碌，平时常常两点一线，人际关系相对也比较窄小。

透过参加社会上的一些活动，一方面可以扩大交际圈，一方面，如果能帮其他人做一些事情，就可以进一步加深对别人的了解与沟通。

5. 细心建立人脉网络。

其实只要细心观察，时时处处都会有建立人脉的机会，尽可能在各种时候抓住机会结识身边的人。相遇就是一种缘分，如果能够进一步将这种缘分更深入一步，那就变成了自己的人脉。

6. "大数法则"建立人脉。

"大数法则"又称"大数定律"、"平均法则"，意思是指观察或选择的数量越多，预期损失率就越稳定。用在建立人脉中，就是结识的人数量越多，能成为朋友的人也就越多。

 小知识

**五个小技巧，消除社会恐惧症**

❖ 适当的运动可以克服心神不宁与害羞：双脚并拢站直，然后轻轻提起脚跟，持续几秒钟后再放下，如此反复三十次，每天做两到三次。

❖ 平时多做深呼吸，紧张的时候能有效抑制自己的呼吸局促。

❖ 手里握一些小东西可以增强安全感，对一些害羞的人来说，手里拿着一个小包包或者手帕，会让自己感觉好一些。

❖ 充足的知识是自信的基础。平时多读书，关注时事，增加阅历，在谈话的过程中就不怕冷场了。

❖ 平时训练自己无畏地凝视对方的眼睛，慢慢地就会减轻恐惧。

# 2

# 人脉就是财富存折

善气迎人，亲如兄弟；恶气迎人，害于戈兵。

——管仲

## 读故事

哈维·麦凯大学刚毕业，面对陌生的社会，他踌躇满志，野心勃勃，满心以为自己一定能找到一份非常不错的工作。可是事情并不像他想的那样容易，几个月过去了，他的工作依然毫无着落。

哈维·麦凯的父亲是一个记者，认识不少政界和商界的人物，其中有一位商人叫作查理·沃德，他是布朗比格罗公司的董事长，某次聊天，哈维·麦凯的父亲说出了儿子找不到工作的事情。

沃德说："如果他愿意的话，让他来找我。"

第二天，哈维·麦凯来到沃德的公司，面试成了一次轻松的谈话，沃德聊的全是当年哈维·麦凯的父亲采访他的事情。哈维·麦凯临走时，沃德指着街道对面的公司说："我愿意让你来我的金矿工作。"

"金矿"指的是福利待遇非常好的公司。哈维·麦凯不费吹灰之力获得了一份非常好的工作，之后，哈维·麦凯有了自己的公司，也就是全美著名的信封公司——麦凯信封公司。

透过一次人脉，成就了哈维·麦凯辉煌的一生。

 学交际

积累人脉，相当于建立一个银行账户，存折上面的数字可以发挥作用，但作用的大小，取决于人脉的质量。

在建构自己的人脉存折之前，不妨先帮自己画一张人际关系网络图。

1. 基础人脉网络。

与你最亲近的人，家人、亲戚、朋友、邻居、恋人等建立人际网络的基石。你可以透过他们认识他们的朋友，这样的朋友更容易了解对方的真实面。

2. 中层人脉网络。

中级人脉网络是你透过社会活动结识的朋友，学习、比赛、宴会、团体、旅游等等。透过这些朋友可以再认识他们的朋友，甚至朋友的朋友，环环相扣，顺藤摸瓜。不要以为这些人与你八竿子打不着边，说不定什么时候就会用上。这些朋友不仅可以为你提供信息与帮助，而且有利于你的兴趣发展、目标确立、情感支持等。

3. 最高层人脉网络。

与你的理想、职业生涯规划有直接关系的人，他们可能是这一行的佼佼者，可能是你的合作伙伴或者竞争对手。与这些人建立起良好的人脉，将会对你的事业和理想有着不可估量的帮助。但是，和这样的人建立人脉有一定的难度，你需要智慧、勇气和真诚。

以上三种人脉对我们的人生都很重要，缺一不可，正如同我们拥有各种各样的活期、定期或财富管理银行账户一样。善用各类人脉账户，

可以在不同地方快速成就自己的事业、前途，让人生更加美好。

### 最具亲和力的招呼方式

著名的日本心理治疗师石井裕之，有一个非常简单实用的办法：当你和人打招呼时，眉毛轻轻上扬，使眉眼间的距离加大，这会流露出"我很愿意接近你"的信息，对方会感觉舒适。

# 3

# 人脉决定竞争力

对众人一视同仁,对少数人推心置腹,对任何人不要亏负。

——莎士比亚

## 读故事

从最底层的服务生变成豪华酒店老板,需要花几年的时间? 在很多人看来,这可能需要几十年甚至一辈子,然而在乔治·波特身上,这个奇迹般的转变,只用了一夜。

年轻的乔治·波特是一家旅馆的服务生,在一个风雨交加的夜晚,他恰好值夜班,这时候,一对老夫妇狼狈不堪地走了进来,他们为了寻找一家旅馆已经在风雨中走了很久。乔治·波特满脸歉意:"十分抱歉,已经没有空房间了。"老夫妇无奈地准备去找下一家旅馆,乔治·波特拦住了他们:"今晚我值夜班,如果不介意的话,两位不妨在员工休息室中睡一晚?"

对于乔治的热情帮忙,老夫妇愉快地接受了。

第二天一早,老夫妇来到柜台前结账,乔治·波特说:"两位昨天住的房间不是客房,就不收钱了,祝您和夫人旅途愉快。"

老先生十分感谢乔治，对他说："像你这样的员工，是每一个旅店老板梦寐以求的。"

对于老先生的话，乔治微微一笑，很快就把这件事忘记了。

几年后，乔治·波特接到一封信，信中提到了几年前那个风雨交加的夜晚，还附有一封邀请函和一张飞往纽约的机票，邀请他到纽约游玩。

抵达纽约后，乔治见到了当年的老先生，老先生带着他到了一栋豪华大厦的前面："这是我为你盖的旅馆，希望你来为我经营。"

这间旅馆，就是纽约最著名的华尔道夫大饭店。

如今，华尔道夫饭店已经成为各国政要下榻的首选，也是游客们至尊地位的象征，而乔治·波特则从服务生摇身一变，成为著名的企业家。

学交际

在人的一生中，人脉有着非常重要的作用。乔治·波特结识了旅店大王威廉·阿斯特，于是他飞黄腾达了。

好莱坞流行着一句话：一个人能否成功，不在于你知道什么，而在于你认识谁。

那么，我们应该如何经营自己的人脉呢？

1. 诚信是为人的基础。

为人一定要讲诚信。如果说话出尔反尔，就会树立起不诚实、不可靠的形象；反之，说到做到才能受人尊敬和信任，让自己的人脉朝着良性循环的方向发展。

2. 自信是沟通的基础。

一个人只有拥有足够的自信，才能与人进行正面的沟通，与人沟通畅通,才能了解对方的需求、想法及真正动机,进而抓住对方的心,结下稳定的人脉关系。

3. 时刻记着帮助别人。

人脉的良性循环须建立在互惠互利的基础上,不能只想着向对方索取,自己却不付出。尽可能地帮助别人,别人也就乐于继续和你保持关系。

4. 大方地与人分享。

舍得舍得,不舍就不会得。学会与人分享,舍弃自己的部分利益、信息、机会,你才会得到真正的人脉,才会得到更多的利益。

**交友勿踩的十个心理雷区**

❖ 轻视小人物。在交友的过程中,如果你以貌取人,轻视小人物,你会很容易失去友谊。

❖ 急功近利。交朋友需要时间,对不熟的朋友装熟,会引起对方的反感,反而疏远与你的距离。

❖ 有事才联络。平时不交往,有事才联络的人,没有人会喜欢,这样的人不会得到真正的朋友。

❖ 忽冷忽热。对待友谊大起大落,不懂得细心经营,这样的友谊是不牢靠的。

❖ 靠"闲话"拉拢关系。闲话有时候可以缓解尴尬的气氛,但是在正规的商务会谈中,闲话过多,会留给对方浮躁、不踏实的感觉。

❖ 客套话也当真。有很多客套话是用来拉拢关系或者缓解气氛的,不必放在心上。

❖ 互不欠人情。谁也不欠谁的友谊,很难继续保持下去,还不如欠点情，更有利于友情的维系。

❖ 把友情当成关系。把友情当成自己事业成功的关系，会让友谊变味，友情只是在最关键时刻才不得不用的关系。

❖ 缺乏真诚。真诚是朋友间信任的基石，如果谎话连篇，不会交到真正的朋友。

❖ 表里不一。当面一套背后一套的人，让人很没有安全感。

# 4

# 伙伴关系成就好前途

> 和你一同笑过的人,你可能会把他忘掉;但是和你一同哭过
> 的人,你却永远不会忘。
>
> ——纪伯伦

## 读故事

一双鞋再好,如果失去其中的一只,剩下的一只也会变得毫无价值。

人需要有搭档,而选择一个什么样的搭档,对双方的价值有着决定性的影响。

唐太宗李世民做秦王的时候,身边有两个重要的人物:房玄龄和杜如晦。房玄龄善于谋划,杜如晦擅长决策,二人尽职尽责地在李世民左右辅佐,为唐朝的建立出了很多宝贵的意见,并制定了很多有益的典章制度。历史学家称:"房知杜能断大事,杜知房善建嘉谋",这就是成语"房谋杜断"的来历。二人的相互合作,成了历史上著名的黄金搭档。

## 学交际

好的伙伴,应该是一加一大于二的关系。当你遇到问题时,伙伴的

一个提醒会使你柳暗花明；当你走到十字路口无法抉择时，伙伴会帮你做出最正确的决策；当你工作强度过大，搭档甚至可以成为你的分身。历史上，韩信就是刘邦的好伙伴，因为刘邦善于带将，而韩信善于带兵，二者相辅相成，最终才成就了刘邦的大业。

但是，好的伙伴关系和好的婚姻一样，因为许多伙伴共事时总是朝夕相处，甚至在一起时间比男女朋友更多。而彼此又为了相同目标而组成团队，相处下来也是很不容易，因此更需要细心经营。

如果彼此都懂得将心比心的道理，你对别人好，别人也会对你好。在合作的过程中如果只考虑自己的利益，就不会有真正的好伙伴。学会主动授惠于对方，帮助对方，彼此的关系才会越来越近。

合作的过程中难免产生摩擦，只要抱着一颗宽容的心，就会使一切误会、摩擦化解于无形之中。

春秋时期齐国的管仲和鲍叔牙是一对非常要好的朋友，管仲家里很穷，又要养活年迈的母亲，了解这一情况的鲍叔牙找到管仲，主动要求和他一起做生意。本钱都是鲍叔牙出的，赚了钱的时候，管仲拿的钱却比鲍叔牙多。

其他人看不下去了，说："管仲这个人真不懂道理！"听到这话时，鲍叔牙急忙解释："管仲家里很穷，又要抚养母亲，多拿一点是应该的。"

后来发生战争，管仲和鲍叔牙一起去打仗。每次冲锋陷阵的时候，管仲都会躲在人后，人们都讽刺管仲贪生怕死。鲍叔牙站出来为管仲辩护："你们错怪管仲了，他不是怕死的人，他要保全自己的性命照顾他的母亲。"

管仲听到之后说："生我的是父母，了解我的人可是鲍叔牙啊！"分享是一种加深感情、经营人脉的最好方式。与人分享，并且让对方从中受益，别人会认为你是一个热情可靠的人，会愿意和你进一步交往。与人分享要本着付出的心态，别人就会愿意和你做朋友，无形中你就增加了朋友，拓展了自己的人脉。

**人脉不一定都是吃出来的**

酒桌上的朋友，往往被人们称为"酒肉朋友"，这一说法是有道理的。

酒桌上的朋友可能是出于某种目的，比如第一次交易，一个订单，有求于人，欠人人情，简单说，不外乎欠情还情，利益交易，谈不上感情的沟通和积累。

酒桌饭局，只是为人脉的建立，吹出一个前奏曲而已，要想真正培养感情、深入了解，需要以后在事情中磨合才行。

# 5

# 超级人脉网的织手

没有朋友也没有敌人的人,就是凡夫俗子。

——拉法特

 **读故事**

孟尝君很善于招纳各类门客,当时他家里的门客有三千人之多,对于每一个前来投奔的人,孟尝君都不会拒绝,即使没有才能,他也会尽心尽力为其提供良好的食宿。

一天,孟尝君奉召出使秦国,秦昭王想挽留孟尝君,并承诺封他为相国。面对强大的秦国,孟尝君不敢违命,只好暂时留了下来。谁知道过了不久,秦国的大臣们纷纷劝谏秦昭王,他们说孟尝君是齐国王族,有自己的封地,不会真心为秦国办事。秦昭王觉得大臣们有理,就下令将孟尝君及其门客软禁起来,准备找个借口杀掉。

听到这件事情,孟尝君派人向秦昭王最宠幸的妃子求助。妃子提出一个条件:孟尝君只要将献给秦昭王的狐白裘献给她,她就愿意帮忙。狐白裘可是天下无双的宝物,早已献给了秦昭王,怎么还能献给她呢?

幸好孟尝君有个门客,擅长钻狗洞偷东西,他在夜里潜入王宫,顺利拿到了狐白裘。孟尝君将狐白裘献给秦昭王的爱妃,她非常高兴,说服了秦昭王放孟尝君回国。

听到了消息,孟尝君带着门客就连夜离开秦国,到达城门的时候正是半夜。

秦国有一个规定,鸡叫时才能开城门。众人正在为难的时候,孟尝君的一个门客学起公鸡啼鸣,守门的士兵虽然心里疑惑,然而国法威严,只好打开城门,孟尝君一行人便顺利逃出秦国。

## 学交际

俗话说:"在家靠父母,出门靠朋友。"朋友在我们生活中的分量是很重的,但是朋友的种类很多,只有妥善地处理好与各类朋友间的关系,才能使自己在社会上真正做到左右逢源。

日本作家宫城谷昌光写的《孟尝君》,是一部政商兵法,震撼日本文坛,狂销 40 万卷。该书从孟尝君自幼庭训中撷取了政商两大领域之精髓,融为一体,作为他的宰相事业的最大支柱。也从孟尝君出生、成长、交游的过程,了解他的人格特质,看出他的人生抱负;而这位古代策略型的大企业家不凡的经商之道,以及他的财经势力、商场经验,让孟尝君政商合一,如虎添翼。孟尝君最大的资产便是门下食客三千。

人称孟尝君的食客都是鸡鸣狗盗之辈,指的就是他的食客们都各自拥有某种卑下技能,或指卑微技能,孟尝君以礼贤下士、才智超群闻名,他认为"相门必有相",因此为了达到他的政商成就,便广泛招揽"宾客及亡人有罪者"并"舍业厚遇之"。

以现代人的眼光看来,我们没有办法养门下食客,但是透过用心和智慧,照样可以拥有丰厚的人脉来为我们效力。因此结交各类阶层的朋友，更是我们交朋友最重要的目标了！

首先，我们要有一个认知：职业无贵贱，若身为知识分子和白领阶级也不应有优越感，对从事各行各业的朋友都要有尊重之心；此外，懂得放下自己的身段，虚心向各行业的朋友请教，就能得到各阶层的朋友的拥戴。

医学博士、美籍华人杨定一自幼就被盛赞为"神童"，但并没有因此而自满，反而更谦卑待人。据说，杨定一念大学时，父亲要求他到餐厅或到农场打工，以让他知道职业无贵贱。

杨定一博士在接受媒体采访时还表示，他认为从每个人身上都可以学到东西，他的员工说："杨博士对于周遭的人总是嘘寒问暖，连打扫卫生的老伯伯身体不舒服，他都会一直惦记在心上。"也因为关怀的层面扩及周遭每一个人，使得他的医学研究扩及全人类的身体及心灵需求，也使他的成就更加宽广。

再者，与朋友交往应该力求真心，也要真诚认识对方，千万不要只是为了撑场面而与人交往。据说宋楚瑜在担任"台湾省长"期间，曾亲自下乡走访台湾319个乡镇，与许多当地乡亲父老近距离接触，还特别要求他的随行人员要协助他纪录这些朋友的数据，因此他可以在第二次见面时，马上就能喊出这些与他谈过话、握过手的朋友的名字。也因此当他准备竞选领导人，虽然没有政党和财团的金援，却被媒体报导在他和家人的银行账户中涌入许多政治献金，据说这些都是来自他在民间认识的拥护者自发性的捐款。

当今许多中外餐厅经营者与知名主厨的美味都有一个共通密码，那就是：拥有许多新鲜好食材的管道。而这些管道可能就来自渔市场的批发商、菜市场的老板、山上的牧场主人、海边的渔夫、乡间的有机农夫……他们的人际关系也遍及各地，交情决定了采购的配量，也决定了餐厅生意。因此，定期走访山间和海边，甚至每天到菜市场、渔港市拜访，也就成为这些老板们的既定行程，走访便成就了交情的基础。

想要做什么都有人帮，就要开始织起属于自己的人际关系网。而编织的工具，就要用心地与各阶层交往。

 小知识

**音乐可以提高人的交际**

提高交际能力的手段，除了提高自身的各种应变能力外，借助艺术，尤其是动听的音乐也能产生很好的效果。

1994年，美国人艾杰顿做了一项实验：将一群差不多年纪的孩子分成两组，让两组孩子各自一起玩游戏。其中一组的游戏过程中播放着动人的音乐，事实证明，音乐能使孩子的互动变得更加频繁与愉快。

美国的戈尔曼博士研究发现，情绪能够决定人们在生活中的满足感，而音乐则是一种调适情绪的好媒介。有社交忧虑的朋友，不妨多听听音乐。

# 聪明择友受益无穷

君子上交不谄，下交不渎。

——《周易》

三国时期，有一对朋友，一个叫管宁，一个叫华歆。两人淡泊名利，经常在一起读书，并相互以此标榜自己。

一次，他们一起在菜园中锄草，管宁挖到了一块黄金，随手扔到一边；华歆忍不住捡起黄金看了又看。

还有一次，两人一起在屋里读书，屋外锣鼓喧天，一辆豪华的马车载着达官贵人经过。管宁不为所动，华歆却忍不住跑到门外去观看，等到车马驶过，才依依不舍地回到屋里。

这时，管宁用刀将两人之间的坐席割破，说："你的修养和我差一截，已经不配再做我的朋友了。"

孔子曾经说过："益者三友，损者三友。友直，友谅，友多闻，益矣；

友便辟,友善柔,友便佞,损矣。"

孔子的意思是,有三种朋友对自己有益;三种对自己有害;为人正直、诚实守信、知识渊博,是好朋友;口蜜腹剑、光说不练、前后不一,则是坏朋友。

安娜有一个老朋友芭芭拉,两人十多年前认识,关系很密切,发誓要做一生的朋友。但安娜发现,她只要和芭芭拉在一起,心情就会很差,因为芭芭拉经常批评她的衣着品味,还会告诉她其他朋友对安娜的批评。

无奈之下,安娜找到专业的心理机构去咨询,心理师告诉她,芭芭拉是一个地地道道的"有毒朋友"。

生活中,当你遇到困难向朋友求助时,八成的朋友会故意躲避你,只有两成的朋友会给你一些帮助,真正能改变你一生的朋友,则只有百分之五。患难见真情,聪明的人会把主要精力用在维护百分之五的珍贵朋友身上。

以下四种类型的朋友,就属于其中的百分之五,要用心交往和维持。

1. 志同道合的朋友。

这类朋友,让你往往有相逢恨晚的感觉,你们的志趣相近,有着高度的默契,你们能够分享彼此的兴趣爱好、信仰,和这样的朋友在一起,你会感到无比轻松与快乐。

2. 鼓励支持你的朋友。

无论你遇到什么困难,他都会支持你,为你打气。你们彼此互相鼓励,当你遇到压力时,他犹如一剂强心针,让你从灰心丧气中重新振作起来。

3. 成就你的朋友。

这类朋友有着丰富的经验,往往能够在各个方面为你提供宝贵的建议,帮助你做出正确的决策,进而改变你的人生。这类朋友会成为你强大的心理支柱,无论在何时都能够使你感到信心十足。

4. 为你牵线搭桥的朋友。

这种朋友在日常生活中不一定常常来往,但他总会在你最关键的时候为你牵线搭桥,排忧解难。

**远离"有毒朋友"**

"有毒朋友",是最近的新鲜词汇,指的是那些用语言或行动给人带来困扰,让人感到筋疲力尽、灰心丧气,最终破坏心情和生活的朋友。心理学家认为,"有毒朋友"主要分以下几种类型。

1. 打着关心你的幌子,经常暗示性地批评你的外表、习惯及行为方式。

2. 想尽办法成为关注的焦点,让你围着他转,把他视为主角,而你只能当配角。

3. 以友谊要挟,不理你死活,逼你迁就他。

4. 习惯毁约。

5. 总是向你哭诉抱怨,却不解决问题,令你筋疲力尽。

# 7

# 患难之交的价值

在紧急时舍弃你的朋友不可信赖。

——伊索

 读故事

两个朋友到山上游玩，不幸遇到一头饥饿的棕熊。眼看着棕熊离二人越来越近，其中一个人眼疾手快，迅速爬上旁边的小树；树很小，另一个人不敢冒险往上爬，情急之下，只好躺在地上装死。

棕熊来到装死的人面前，一边用爪子使劲翻着他的身体，一边用舌头舔着他的脸，折腾了一番，怏怏地走了。

棕熊走远之后，地上的伙伴爬起来，看着树上的朋友说："刚刚棕熊告诉我一个非常重要的忠告：时时提防对自己不忠的朋友，哪怕他有一丝的不忠，也要尽快离开他。"

说完，伙伴拍拍自己身上的灰尘，头也不回地离开了。

学交际

真正的友情是能够承受考验的，越是危难，越能看出朋友对你是否

真诚。真正的患难之交，在危难之中不会弃你而去，而是会挺身助你一臂之力。

现代社会物欲横流，当你飞黄腾达时，身边会有一堆朋友围着你攀关系；当你倒霉了，再放眼四周，当初那些人早就不见了踪影，想求他们帮忙，马上翻脸不认人。

晋朝时，有一个人叫荀巨伯，在一次探访朋友时，朋友住的城市被敌军攻打。城中的百姓携老带幼纷纷而逃，荀巨伯的朋友病重卧榻不起，他劝荀巨伯逃走。正在这个时候，几个敌军气势汹汹地冲进了朋友家，将刀架在荀巨伯的脖子上，厉声喝问："你是什么人？全城人都跑光了你还不走？好大的胆子！"

荀巨伯毫无惧色地对敌军说："我的朋友病了，我不能丢下他独自逃命。"说着，他指了指床上的朋友，"请你们别惊吓我的朋友，有事找我好了，即使要我替朋友死，我也绝不皱眉头。"

在场的士兵被荀巨伯为朋友牺牲的气节震撼了，向他行礼后就离开了。

如果你拥有一个荀巨伯这样肯为你牺牲的朋友，哪怕只有一个，也是难得的。当巨浪涤尽尘沙，留下来的才是真金；让友情接受考验，才能够发现真正的好朋友。

 小知识

**人际交往中，学会用耳朵表达温柔**

在与人交流的过程中，很多人往往忽略了耳朵的作用。一副善于倾听的耳朵，是人际交往中不可或缺的。那么，我们怎样才能有一副这样的耳朵呢？

❖ 关心对方。认真倾听，不要批评，让对方能够随时得到你的

响应。

❖ 对待谈话对象要专注。面部表情要专注,适时用微笑、眼神或者语言来响应对方。

❖ 不要先入为主。当你对谈话过于投入时,很容易加入主观情绪,甚至会因发怒而失控。

❖ 及时总结对方的观点。对别人谈话的内容及时做出精准的结论,会让对方觉得你认真地听他讲话,同时也能训练自己的思考能力。

# 8

# 这样交往就对了

> 真正的友谊总是预见对方的需要，而不是高喊自己需要什么。
>
> ——莫洛亚

 **读故事**

两个朋友一同旅行，在路上发生了争吵，其中一个人打了另一个人一个耳光。被打的人一言不发，在沙地上用木棍写了一行字："今天我的好朋友打了我一记耳光。"

两人继续前行，经过一条河时，被打的人差点被河水淹死，他的朋友救了他一命。他用身上的刀在石头上刻下一行小字："今天我的好朋友救了我一命。"

打人的人问被打的人为什么在两种不同的地方写字，被打的人说："朋友伤害你的事情，要写在容易消失的地方；朋友帮助你的事情，要刻在不会磨灭的地方。"

 **学交际**

与朋友交往，就是一个互相磨合、互相包容的过程，很多人会因为

交往中的摩擦、误会而分道扬镳，有的甚至会成为互相攻击的仇人。

在与朋友实际交往的过程中，除了真诚和宽容外，还应该注意下面几个问题。

1. 明确划分朋友的类型。

朋友的种类有很多，患难之交、知己之交、普通之交、君子之交、利益之交等等，对待不同的朋友要用不同的方式，对待珍贵的朋友要付出更多的真诚和时间。

2. 朋友需要时，第一时间出现。

生活中难免会遇到事情要求朋友帮忙。在朋友危难时，第一时间向他伸出援手，他会永远记住你的好，你们的友谊也会随之加深。

3. 巧妙拒绝朋友。

拒绝朋友时，一定要讲究方式和技巧，说明原因、耐心劝解、婉转说明，效果会比直接拒绝好得多。

4. 友情不能被过度利用。

使用友情，一定要把握分寸，不要为难对方，也不要接二连三要求帮助，这样会使对方对你敬而远之。

5. 把握交往的安全距离。

距离产生美感，再亲密的朋友也不能亲密过头，彼此之间的距离越近，就越容易发生摩擦。

6. 尊重朋友的自由空间。

每一个朋友都有自己的交际圈，如果你的朋友的朋友是你不喜欢的人，不要对朋友发脾气，而应该尊重朋友的选择，以宽容的心坦然面对一切。

**打破交际僵局的三种方法**

❖ 看透事情的本质。有时候交际出现僵局，很多时候是因为自己心胸不够开阔、爱面子、固执造成的。一定要认识到自己的根本症结所在，努力反省自己。

❖ 打开心扉，克服自我意识。自我意识太强，就容易清高自大、孤僻内向。在交际的过程中，一定要打开自己的心扉，坦诚对待周围的人。

❖ 交际技巧得当，微妙之处不可忽视。将细节处理好，往往会收到柳暗花明的效果。比如你与朋友吵架之后想要和好，你可以仔细观察，在朋友最需要的时刻满足他，让他重新想起你们以前的友情。

# 9

# 找寻生命中的贵人

普通人想着如何养生，如何聚财，如何加固屋顶，如何备齐衣衫；而聪明人考虑的却是怎样选择最宝贵的东西——朋友。

——埃默森

## 读故事

李鸿章早年屡试不第，一度失意，之后成了曾国藩的幕僚，帮忙撰写公文。

有一次，安徽巡抚翁同书犯了大错，曾国藩想弹劾他，但翁同书一家人圣恩正隆，其父翁心存是皇帝的老师，其弟翁同龢是状元，除此之外，翁氏弟子幕僚遍布朝野，因此，弹劾之事要十分慎重才行。

曾国藩正在踌躇的时候，李鸿章帮他写完奏稿，其中一句话是："弹劾犯错的大臣是我的本分，我不敢因为翁同书门第鼎盛，就不做这件事情。"

奏章一上奏，其他大臣不敢再生私心，皇帝下旨将翁同书革职，发配新疆。

这件事之后，曾国藩觉得李鸿章是个人才，从此对其大力提拔。

学交际

　　自古以来，很多人的成功都离不开贵人相助。所谓贵人，在古代往往是那些功成名就的人，他们拥有一般人没有的能力和人脉，所以很多人不免对他们有攀龙附凤的想法。

　　随着时代的进步，现今社会的贵人，已经不仅仅是那些功成名就的达官贵人，贵人会有很多种，对你谆谆教诲的恩师、给你温暖和爱的伴侣、为你提供升职和就业机会的老板、协助你完成任务的得力下属、为你提供各种信息的众多朋友，这些人都是你的贵人。

　　简单地说，对你有帮助的人都是你的贵人。

　　这些贵人有哪些特征呢？

　　1. 愿意唠叨你的人。

　　一个愿意唠叨你的人，是真正在意你的人，否则他唠叨你做什么？你的贵人唠叨你，是想让你改正缺点，是想让你反省自己，注意自己的言行举止，不要犯错。

　　2. 无条件帮助你的人。

　　无论在任何情况下，他都会愿意帮助你，不计任何回报。他完完全全接受你这个人，会真诚地希望你能更上一层楼，会尽力帮助你而毫无怨言。

　　3. 愿意分担你的痛苦并分享你的快乐的人。

　　能够甘愿与你同甘共苦的人，一定是你的贵人。在你最困难之时，他对你不离不弃，在你身边鼓励你，与你共同面对；当你快乐时，他愿意分享你一切的快乐。

　　4. 对你谆谆教导和提拔你的人。

　　一个愿意用自己的知识来教导你的人，愿意为你提供升迁机会的人，无疑是你的贵人。

5. 对你信守承诺的人。

如果一个人对你信守承诺，并有能力将承诺实现，帮你解决问题，帮你前进，他就是你的贵人。

6. 真正欣赏你的人。

一个真正能够欣赏你的人，是一个用心去了解你的人，他能欣赏及接受你的优势，并进一步帮助你将优势挖掘出来，然后帮助你找到发光的场所，这是你的贵人。

 小知识

**职场贵人的四种类型**

❖ 业务型贵人。当你刚进入一家公司时，他们能够让你学到工作中必须掌握的技能。

❖ 阅历型贵人。此类贵人往往具有令人羡慕的职场阅历和智慧，他们能够统摄全局，将整个全局工作了然于胸，经验丰富。这些人未必有很高的职位，也许是人事部专员，也许是柜台接电话的小姐，也许是你身边忙于工作的技术员，但都不可轻视。

❖ 思想型贵人。此类贵人往往拥有丰厚的学识，对社会、政治、管理等，都有一定深度的见解和独特的认识。

❖ 魅力型贵人。此类贵人在公司往往具有独特的人格魅力，他们的人际关系处理得非常好，上自公司老板下至员工都喜欢他。

# 10

# 不要透支人脉资源

贪婪会破坏人们的心灵纯质，你获得越多，就越贪婪，而且总感到不能满足自己。

——安格尔

 **读故事**

海边有一间简陋的茅屋，里面住着贫穷的渔夫和他的老婆。

某天，渔夫捕到了一条小鱼，小鱼居然开口自称是海神的女儿，求渔夫放过她，并且向渔夫承诺："如果你放过我，我会满足你的一切要求。"

"这样啊……"渔夫想了想，放开了小鱼，说："既然这样，给我一个木盆吧，家里的木盆已经破到不能用了。"

拿着新木盆回到家里，渔夫将这件事告诉了老婆。老婆说："小鱼有如此神通？那我想要一栋新房子。"

渔夫来到海边，呼唤小鱼。小鱼再次满足了渔夫的愿望，但渔夫贪婪的老婆依然不知足，说："既然小鱼有如此神力，那就不能轻易放过这个机会！这次我要一座宫殿，一大堆珠宝，我要成为一个贵妇人！"

渔夫再次来到海边向小鱼请求，回到家，看到自己的老婆穿着华丽的衣服，头戴珠宝首饰，身边一群仆人伺候着。

看到渔夫回家，他老婆颐指气使地说："告诉小鱼，我要做自由自在的女皇！"

渔夫吃惊地说："够了！难道你疯了吗？"

话刚说完，老婆狠狠打了渔夫一记耳光，渔夫只好又来到海边向小鱼请求。这次他回到家里，家已经变成了宫殿，老婆变成了女皇，正在豪华的桌子前喝着美酒，吃着糕点，身边站着威风凛凛的卫士。

见到渔夫，老婆大声说："回去告诉小鱼！我不只要做女皇，我还要做海上霸主，让小鱼来侍奉我！"

渔夫不敢说什么，垂头丧气地来到海边，这时海边狂风骤起，天空划过一道闪电，渔夫等了好久小鱼才出来，听完渔夫的恳求，一声不吭地消失在茫茫大海里。

渔夫回到家，吃惊地发现一切变回了老样子，他老婆又变成了一副穷酸的模样，自己的家依然是原来那间简陋的茅草屋。

## 学交际

与任何资源一样，人脉资源也是有限的，需要我们用一种恰当的方式来获取，并且要控制获取和依赖的程度。

在经营自己的人脉资源时，不仅要注意时时往里面进行投资储蓄，而且利用人脉资源的时候一定要适度，人脉资源就像银行存款一样，只有不断储蓄才能不断增长；反之，则迟早会枯竭。

透支人脉资源，会导致你的人脉链条不能良性循环下去。如果你不知节制地无限利用，对方会对你产生恐惧，避之唯恐不及，哪里还敢和你深入交往呢？

对于一个只知索取不知付出的人，别人会认为你根本不懂人情世故，之后便主动远离你，最后导致你的人脉关系疏离，感情变淡，形象也会遭到破坏。

那么，如何才能做到自己的人脉资源不透支呢？

1. 好钢用在刀刃上。

当你有了人脉资源时，一定不要毫无计划地使用在一些不重要的事情上，而是要使用在最关键的地方。人脉资源不是一种自主再生资源，如果将这些资源用在鸡毛蒜皮的小事上，日后再用时可就没有了。所以，对于已经储存的友情、人情一定要妥善保管。

2. 用心经营人脉存款。

如果你脾气暴躁、任性、粗鲁，你的人脉账户的资源就会减少，万一好朋友反目成仇，投资全部归零。因此，对待朋友一定时刻保持一颗宽容随和的心。

3. 人脉资源不能短期炒作。

人脉存款不可能刚投资就见到回报，这是一种既不能急于求成，也不能疏于经营的特殊资产，需要用心经营才能不断增值，才会在关键时刻得到更多的帮助。

**小知识**

**摆平四种"社交怪人"**

❖ 情绪崩溃型。你一开口，对方就开始潸潸泪下，这时不妨邀请对方出去走走，在公共场合里，对方较能控制情绪；肩并肩的沟通方式，也可以缓和彼此某些权力不对等的关系。

❖ 拒绝沟通型。当你尝试沟通时，对方要么转移话题，要么充耳不闻。这表示你们的关系出现了非常严重的问题，建议先从日常小事开始改善气氛。如果要进入较严肃的话题,可使用婉转的开头,比如:"我非常需要你的意见,有空聊聊吧?"

❖ 躁动挑衅型。你一说自己的看法,对方立刻就一副备战状态,把球扔回来逃避问题。这时要见招拆招,把问题清楚地摆在他们面前。比如对方大声咆哮:"你又用结婚来给我压力!"你可以回答,"没办法啊,我年纪也越来越大了!"

❖ 野蛮威胁型。这种人喜欢用"如果你……我就……"来威胁人。遇到这种人,绝不能被吓住,而是勇敢地说出现状,比如对一吵架就收拾行李回娘家的妻子,丈夫要拉住她,"每次你都这样威胁我,这也解决不了问题。如果你真的想好好跟我过下去,我们还是把问题讨论清楚。告诉我,你到底想要什么样的结果?"

# 3 高效沟通
## 成就加倍奉还

　　无论是表达、领导还是唤起热情，都需要与人沟通。

　　高效率的沟通让你在短时间内赢得信任，找到与人际互动的最短距离。

　　沟通对了，人际关系自会和谐顺畅。

# ① 微笑是最简单有效的沟通

微笑乃是具有多重意义的语言。

——施皮特勒

## 📖 读故事

一位商人遇到了一位禅师，商人对禅师说："禅师您好，我非常苦恼。"

禅师："说来听听。"

商人："一直以来我都非常努力，每天工作认真、谨慎，我聘请了最优秀的人才，发给优渥的薪水，可是事业仍旧卡在瓶颈，一直无法发展。这是为什么呢？"

禅师紧锁眉头，一副痛苦的神情："是啊……这是为什么呢？"

商人一脸苦笑："禅师，都这个时候了，您还捉弄我？"

禅师铁青着脸，神情凝重："我捉弄你了吗？"

商人说："您的脸都扭曲成那个样子了，还说没有？"

禅师哈哈大笑，从怀里拿出一面镜子，递给商人："我是在学你啊！"他对商人说："一个满脸冰霜的人，没有人会接受你；一个内心充满热情的人,即使对方是一块石头,也会被你变成黄金的。"

微笑,能够点石成金!

商人恍然大悟,从此之后把禅师的话当成金玉良言,公司的瓶颈也不自觉地消失了。

 学交际

面带微笑的脸,就仿佛一张美丽光鲜的明信片。每个人都喜欢收到漂亮的明信片。

当你对人露出微笑的同时,也表达了你的尊重,同样地,别人也会以微笑和尊重对你。

简简单单一个微笑,调节了情绪,温暖了人心,建立了人际关系,又没有成本,真是好处多多。

当然,微笑看似简单,但也需要讲究一定的技巧。

1. 微笑应该自然。

微笑一定要发自内心,不能做作、僵硬、勉强。微笑时要大方、得体、美好,才能获得良好效果。

2. 微笑应该真诚。

大部分的人对假笑都有辨别能力,只有真诚的微笑才能引起别人的共鸣,使对方感到内心温暖,得到真正的尊重,从而进一步加深友情。假意的微笑,不仅不会使对方感到快乐,还会使气氛变得尴尬,使交际无法顺利进行下去。

近几年来,一个叫作"职场微笑病"的心理疾病悄然出现。这种病的本质和抑郁症有些相似,得病的人都觉得生活无望,经常陷入悲观的情绪中。

专家指出,得这种病的人在职场上习惯性假笑,常常处于矛盾的情

绪中,情绪失衡,就出现了"职场微笑病"。

如果不是发自内心的微笑,不仅会伤害到别人,还会伤害到自己。当你情绪不佳时,不妨向对方说出自己真实的感情,获取别人的理解,这样反而能使交际顺利进行下去。

3. 微笑应该富有涵义。

对待上级领导的微笑,应该充满尊重与关切;对待同事的微笑,应该真诚爽朗;对待家人的微笑,应该充满爱和珍惜;对待朋友的微笑,应该柔和亲切……对待不同的人,应该有不同的微笑。

4. 微笑应该符合礼仪。

微笑应该具有一定的礼仪规矩。比如与对方谈话时,可以一边认真听,一边不时点头微笑,适当直视对方的眼睛,不能东张西望,眼神游离。微笑应该以自然适度为佳,不能过于夸张,否则就会引起对方的反感。

5. 微笑应该符合场合。

并不是所有的场合都需要微笑,比如重大的会议、研讨会、追悼会等等。

 小知识

**"职场微笑病"的心理自救处方**

❖ 扯下微笑的假面具。不要把微笑看作是解决问题的法宝,调整待人接物的思维方式,以真实诚挚的心态处世。

❖ 不要让不良情绪转化。不要把忧郁积在心底,让它有宣泄的出口,在哪里结下的心结,就想办法在哪里解开。

❖ 学习自我安慰和放松的技巧。培养广泛的兴趣爱好,例如,瑜伽和太极拳,对消除压力、缓解心血管疾病等症状非常有利,养花植树、

欣赏音乐、练习书法、绘画、打球等，可以怡情养性，调和气血，有利于健康。

&#10070; 建立心理支持系统。在郁闷难以自我排解的时候，向朋友、家人、心理咨询专家诉苦，寻求心理帮助。如果精神压力过大，心理承受能力有限，最好能进行专门的心理治疗。

&#10070; 换个角度看待生活和工作。在现代新型工作方式之下，生活方式和价值观也必须调整。愉快工作是幸福生活的必需。记住，如果生活不快乐，工作是没有意义的。

&#10070; 透过饮食缓解不适。焦躁、心悸、失眠，可多吃豆类、五谷杂粮、蔬菜水果，减少红肉类的摄取量，避免喝咖啡、浓茶、酒等刺激性饮料，少吃辣椒、芥末、花椒、大蒜、葱、姜等辛辣燥热之物。

# ② 赞美是交际利器

良言一句三冬暖,恶语伤人六月寒。

——中国谚语

## 📖 读故事

某次,乾隆皇帝大宴群臣,饭香酒浓时,乾隆雅兴大发,出了上联。

"玉帝行兵,风刀雨箭云旗雷鼓天为阵。"

百官没人能对上,乾隆就指明要纪晓岚对对子。纪晓岚很快对出了下联。

"龙王设宴,日灯月烛山肴海酒地当盘。"

群臣一片赞叹之声,乾隆不免愠怒心起,好半天都没有说话。

纪晓岚知道自己得罪了皇帝,上前一步说:"圣上贵为天子,所以能调遣风雨云雷;微臣空有一副大肚皮,只希望吃顿酒席而已,哪里比得上圣上神威?"

乾隆当场转怒为喜,表扬纪晓岚说:"你饭量虽好,但若无胸藏万卷之书,又哪有这么大的肚皮?"

纪晓岚出色的对联掩盖了乾隆的才气，惹得乾隆不悦；纪晓岚及时抬高乾隆，贬低自己，使乾隆转怒为喜，一场危机这才平安度过。

赞美之语，会让人息怒，让人心情舒畅。这种毫无成本的交际方式，为什么不多多使用呢？

生活中，我们会遇到很多善于拍马屁的人，这些人以花言巧语讨得别人欢心；然而真诚赞美别人与之不同，真诚的赞美会让人心生欢喜，增加你的个人魅力。

心理学家研究发现，别人的赞赏和鼓励，能够让人发挥最大的潜力，因此，赞美不仅能够给人们带来快乐和幸福，而且能够增强人们的信心，使人们取得更加卓著的成绩。

一位美国的哲学家说过："人类天性中都有做重要人物的欲望。"而赞美，在一定程度上能够满足人们的这一需求。

一般情况下，一个人的社会价值有多大，常常取决于来自社会的赞扬和鼓励有多少。

那么，在人际交往中，如何赞美别人才能收到令人满意的效果呢？

1. 赞美要真诚。

如果夸奖一位不到四十岁的女士"看起来真年轻"还说得过去；但要用来恭维一位气色不佳的七十岁老奶奶，就过于做作了。

2. 赞美要因人而异。

不同的人希望得到不同的赞美：女人喜欢别人赞美自己漂亮有气质；男人喜欢别人赞美自己风度翩翩；老人希望别人赞美自己身体硬朗；小孩希望别人赞美自己聪明听话；商人希望别人赞美自己事业有成；主妇希望别人赞美自己勤劳贤慧。总之，不同的年龄，不同的职业，希望获得的赞美是不同的。

3. 赞美的对象要具体。

赞美不能漫无边际，这样很容易让人摸不着头脑。

如果别人劈头对你说"你真讲义气"，你会感到莫名其妙：我哪里讲义气了？如果对方看到你的发型，再称赞你"这个发型很适合你"，你就会觉得很舒服。

4. 赞美对方得意的事情。

商人的热卖产品、作者的畅销书、画家的知名画作等等。

5. 赞美要适度。

赞美之词不能过分夸大，要本着适度的原则。比如称赞一位身残朋友强壮灵活，就适得其反，变成了挖苦和讽刺。但适当称赞对方身体看起来很健康，并无大碍。

语言是一门艺术，赞美的语言则是艺术中的艺术，将赞美的话运用到交际之中，会使你变成真正的交际高手。

 小知识

**在背后赞美人有奇效**

在背后说别人的好话，比当面说效果要好得多。

例如你要结交某某人，可以从对方身边的人入手，向这些人称赞某某人，赞美的话很快就会传入某某人的耳朵里。

这种效果和当面称赞有着明显的不同，当面说，可能只有你和某某人知道，某某人难免会有点防备心。如果向第三者称赞某某人，赞美就会从单纯的社交辞令上升到了真正的夸奖，对方当然会更开心。

转变思路，效果大不同，不妨试一试。

# 3

# 抓对沟通的频道

一个人必须知道该说什么,什么时候说,对谁说,怎么说。

——彼得·德鲁克

 读故事

有一个书呆子,平常最喜欢咬文嚼字,满嘴之乎者也。

某天晚上,他被虫子螫了一下,痛到不行,马上摇头晃脑地大叫:"贤妻,速燃银烛,尔夫为虫所袭!"

他老婆一脸茫然地看着他。

书呆子加大嗓门:"痛煞吾也! 痛煞吾也! 贤妻,速速看看是何物? 痛煞我也!"

他老婆还是没有反应。

最后书呆子实在忍不住了,大吼:"孩子他妈! 帮我看看,有虫咬我!"

他老婆这时才恍然大悟,一看,书呆子的背上已经肿了一个大大的包。

一个真正懂得说话的人，知道对什么人说什么话，他并不需要字字珠玑，句句精彩，却总能把话说到重点上，说进对方心里面。

说话不讲究方式与对象，无疑会自讨苦吃，就像故事中的书呆子一样。所以，在说话前应该对说话对象有一个大致了解，年龄、身份、职位，确定最佳的谈话内容与方式，这样才能达到预期的效果。

举个例子，业务员小赵打电话给有身份有地位的客户钱经理。

"钱经理您好，我是××公司的小赵。"小赵说："钱经理，公司最近有一个新企画案，我想在第一时间通知您，不知您现在有没有时间听一听？"

"我看看……"钱经理查了查行程表："我还有十分钟的时间，你可以介绍一下。"

再举个例子，小赵打电话给与他年龄差不多而且非常熟的小孙。

小赵："孙哥！最近在忙什么？好久没看到你了！"

小孙："还不就天天东跑西跑……你呢？发财没？有好东西记得通知我啊！"

小赵："那是一定要的啊！公司最近有一个新案子，我第一时间就打给你了！"

小孙："喔？长话短说，我现在有点忙。"

小赵："切！介绍好东西给你你还忙？我跟你说，案子是这样的……"

人的性格千百种，即使是双胞胎也有着很大的差异，有的人沉稳，不喜欢别人说话随意；有的人活泼，不喜欢别人中规中矩；有的人幽默，不喜欢别人说话刻板；有的人一本正经，不喜欢别人说话轻浮；有的人修养很高，不喜欢听没有水平的话……

总之，萝卜青菜各有所好，从对方的角度出发，用对方能够理解和接受的方式说话，才能达到良好的沟通效果。

想成为一个沟通高手，平时可以多积累些知识，有了丰富的知识做基础，和别人谈话的时候，才能有比较多的选择方式。

 小知识

### 打开话匣子的技巧

与陌生人刚刚接触时，最大的障碍是不了解对方。遇到这种状况，该如何打开话匣子？

◈ 主动化解尴尬。先介绍自己，然后自然地询问对方的职业及相关信息，再根据信息找出彼此共同的话题，比如爱好或兴趣等等，靠这些共同话题来消除彼此的陌生感。

◈ 在第一时间观察对方。对方的表情、发型、衣着、配件，都能大致表现出对方的身份、喜好。不仅仅是对方本身，环境、摆设、陈列物、家居用品等也会表现出主人的情趣、修养与爱好。

# 4

# 摆脱无谓的争辩

> 如果你是对的,试着温和地让对方同意你;如果你错了,就要迅速而热诚地承认。这比为自己争辩有效和有趣得多。
>
> ——戴尔·卡内基

## 读故事

"新郎和新娘可以说是青梅竹马!"新郎的伴郎好友意犹未尽地吟诗:"郎骑竹马来,绕床弄青梅……我一直很喜欢这首宋代词人柳永的词……。"

奕迅参加大学同学的婚礼,听到伴郎的介绍,心想这明明是李白的诗,于是当场指出了对方的错误。伴郎认为自己说的才是对的,于是两人争论起来。恰巧奕迅的大学老师也在场,他是研究唐代文学的博士。奕迅将伴郎拉到老师面前,让老师评理。

老师说:"是奕迅错了,这位伴郎先生是对的。"

回家后,奕迅越想越不对,翻出唐诗一看,果然是李白的《长干行》,第二天他直接跑到老师的研究室,把书拿给老师看。

"这首诗本来就是李白写的。"老师微微一笑:"昨天那个场合,何必争论这些无关紧要的事情？"

很多时候，无论争论到最后的胜负如何，你都已经输了。想想，你逞了一时之快，不给别人留面子，别说拉远了对方与你的距离，对方甚至会对你嫉恨在心，伺机报复你。

争论是一件非常伤感情的事情，这对人际关系的经营是很不利的，甚至会影响到事业。

林肯曾经说过："一个做大事的人，不能把精力用在斤斤计较上。无谓的争辩不但会损害你的性情，还有可能使你失去自制力，做出更不可理喻的事情。与其和狗争路，不妨让狗先走，难道你被狗咬伤了，也要咬狗一口吗？更何况你就算把狗打死了，伤口也不会好啊！"

不同的社会背景、家庭背景、教育背景，决定了人与人之间交往的差异。要与不同的人和谐相处，就应该有一颗包容的心，尊重别人的意见和看法，即使别人的看法不正确，也应该委婉告知对方，而不是一味争辩。

一时的冲动是魔鬼，无谓的争论，有涵养的人会沉默以对；如果对方是一个喜欢抬杠的人，就会和你争论到底，问题得不到解决不说，还加深了矛盾。要避免与人无谓争辩，可以采取以下这些建议：

1. 尊重别人说话的权利和机会。

当别人说出不同的观点时，应该仔细聆听，让对方将话说完。尊重别人，就要做一个认真聆听的听众，等对方发表完观点再说出自己的看法。

2. 沉默是金。

很多时候，沉默是一种最安全的表达方式，争论不一定能让事情有结果,但肯定会引起别人对你的嗔怒。

3. 就事论事,绝不针对人。

如果在交际中遇到了无法避免的争论,请你记住一个原则:对事不对人,就事论事,不做人身攻击。比如对方迟到了,你应该只针对对方今天迟到这件事来说,而不是抱怨对方老是不守时,做事情磨磨蹭蹭。

4. 寻找折衷方案。

当争论相持不下时,彼此各退一步,不失为一个解决问题的良好方法。

5. 尽快离开硝烟弥漫的战场。

无论争论胜败,双方都会不舒服,严重时还会彼此仇恨。当争论告一段落时,不妨找个台阶让彼此都退出战场,让对方觉得你并没有将刚才的争论放在心里,更没有将对方当成敌人。

**做一只人人喜欢的喜鹊**

职场中,有人尖酸刻薄,喜欢贬损别人,仿佛一只聒噪的乌鸦;有人说话则会让人身心愉悦,就像是一只喜鹊。怎样才能让自己成为一只喜鹊呢?

❖ 不要贬损别人喜欢的事物。对待别人热爱的事物,一定要肯定事物的价值。贬损别人的热情和兴致,无疑是在人家热血沸腾的时候浇上一盆冷水,这是一件非常扫兴的事情。

❖ 对待别人的成功要与其同乐。成功之路非常艰辛,适时称赞成功者几句,与他一起快乐,对方会非常受用。

❖ 尊重别人的一切。每个人的个性、做事方法都不一样,不要因为个人好恶而随意指责别人。

❖ 欣赏别人的作品。对待别人的作品,要称赞其优点,不要贬损其缺点,这样会伤害对方的自尊心。鼓励对方,称赞对方作品的优点,缺点简单带过。

# 5

# 忠言可以不逆耳

　　有效的沟通取决于沟通者对议题的充分掌握，而非措辞的甜美。

——葛洛夫

## 读故事

　　战国时代，赵太后执掌国政，秦国乘机攻打赵国。赵国向齐国求救，齐国要求让赵太后的小儿子长安君当人质才肯出兵，赵太后很疼小儿子，说什么都不肯。

　　德高望重的赵国大臣触龙求见太后，一见到赵太后，先聊了一些家常，之后叹了口气，说："老臣的小儿子舒祺，不怎么成器，我又太宠他，我想请太后让他在宫中担任侍卫，这样老臣就算是死也安心了。"

　　赵太后心头一动："没想到你们男人也会疼儿子。"

　　"天下哪有不疼孩子的父母？"触龙说："我们做父母的，总得为孩子做长远打算才好。"

　　太后若有所思地点点头："是的。"

　　触龙接着说："如果太后真心疼爱长安君，就应该让长安君为国家

高效沟通<br>成就加倍奉还 |075

社稷做出他的贡献，否则太后百年之后，长安君于国家社稷没有功劳，怎么能在赵国站稳脚呢?"

赵太后猛然惊醒，当即答应让长安君去做人质。

 学交际

说忠言，是对别人真诚的表现，但忠言往往会逆耳，很多人不仅听不进去，甚至会误解别人的一番好意，这是因为人容易受感情支配，不好听的话往往会使人反感。

如果我们学会故事中触龙说服赵太后的方法，旁敲侧击，委婉进言，往往会收到事半功倍的效果。

想做到忠言不逆耳，可以从以下几个方面入手：

1. 谨言慎行。

从对方的感受出发，态度委婉诚恳，言语不应该过于严厉。

2. 选择场合。

忠告最好是二人私底下进行，在公众场合很容易伤及对方的自尊心而遭反感。

3. 忌用对比的方式。

劝谏别人的时候，不能拿其他人的例子与之对比，这样很容易引起对方的不满。

4. 选择契机。

不顾别人脸色、情绪的忠言，往往会使事情变得更糟糕。当别人情绪激动时，不宜直接提出忠告，不妨先从对方的感受出发，安慰对方，待对方的情绪平复后，再找机会进入话题。

小知识

**交谈中要巧打太极拳**

❖ 委婉地说直话：太极拳的最大特点就是以曲线运拳，绝对不会直来直往。在社交的过程中，直来直往容易伤害对方。

❖ 急话慢慢说：太极拳看起来缓慢，实际上慢中蓄力，一拳打过去，比迅速地打过去的杀伤力往往更强。当别人冤枉你、陷害你时，如果你急于辩白，常常会越描越黑；不用急于争辩，等情绪缓和下来，再找合适的时机说，往往会产生意想不到的效果。

❖ 用软语来说硬话：太极拳的核心思想是以柔克刚，说话也一样，就算我们有理，也不要得理不饶人，适当说一些软话，更容易消解对方的敌对情绪。

# 倾听是最有价值的小金人

倾听对方的任何一种意见或议论就是尊重,因为这表示我们认为对方有卓见、口才和聪明机智。反之,打瞌睡、走开或乱扯就是轻视。

——霍布斯

## 读故事

小国向大国进贡,贡品是三个一模一样的小金人。

小国使者拿出小金人的同时,问了一个问题:"三个小金人,哪个最有价值?"

三个小金人的作工、重量和成色都一模一样,这下可难倒了大国的国王和诸位大臣,如果回答不出来,泱泱大国岂不是会被小国耻笑?

就在这个时候,一个老臣站了出来,当着所有人的面,将三根稻草分别从三个小金人的耳朵插进去。

第一根稻草从小金人的另一边耳朵出来了,第二根稻草从小金人的嘴巴里出来了,只有第三根稻草直接进到小金人的肚子里,再也没有出来。

老臣向大国国王鞠躬:"我认为第三个小金人最有价值。"

学交际

古希腊哲学家苏格拉底说:"上天赐人以两耳两目,但只有一口,欲使其多闻多见而少言。"

善于倾听的人,才是最有价值的人。

人与人之间的沟通、合作、相处,都需要多听多看,而倾听是一个人有涵养的表现,也是建立和谐交际关系的基础。

在沟通过程中,懂得倾听的人,比侃侃而谈的人更受人喜欢,因为每个人都希望别人能听到自己的心声。

那么,要如何才能正确地倾听呢?

1. 正确的礼仪举止。

眼光自然地注视对方,身体端正,避免做一些小动作,比如东张西望、打呵欠、挖鼻孔、掏耳朵等等。

2. 适时提出问题。

当对方谈到某个观点时,适时提出一些问题,对方会认为你在认真地听他讲话。

3. 切忌打断对方。

发表自己的意见,请等到别人的话结束之后,否则别人会有不被尊重的感觉,甚至会不满地提醒你让他把话说完,这样就非常尴尬了。

4. 以恰当的身体语言响应对方。

对方在说话时,不时地以点头、微笑或者几句恰到好处的补充作为响应。

5. 尊重对方的话题。

无论对方的话题多无趣,你都应该认真听完,然后再找个适当的理由换话题。

6. 适时加入一些新话题。

如果从头至尾保持沉默，说话气氛会越来越僵。不妨在适当的时候带入一些相关的其他话题。

7. 注意弦外之音。

所谓的弦外之音，不一定是话语背后的涵义，语调、语言、动作、表情，都能表达出说话者的真正想法。

8. 不要直接反对。

很多时候，对方需要的只是一个倾听的对象，而不是一个谈话的对象，即使你不同意对方的看法，也不妨设身处地为对方着想，多体谅对方。

小知识

**倾听中的插嘴技巧**

倾听的过程中巧妙插嘴，常常会有意想不到的效果。

什么时候插嘴才是最佳时机呢？

❖ 对方信心不足。刚开始谈话时，对方可能会因为担心你不感兴趣而产生疑虑，这个时候不妨鼓励他一下。

❖ 对方无法控制自己的情绪。愤怒、激动等等负面情绪，都很容易扭曲谈话的内容，这个时候适当插嘴，可以帮助对方平复情绪。

❖ 对方迫切需要你了解他的意思。谈话的过程中，你可以插上几句话，帮对方的话语做总结，一方面可以增强对方的信心，二方面让对方知道你在认真倾听。

❖ 不要对事情本身做评论。当你对事情做出主观评论，很可能会让谈话超出自己能控制的范围，或者导致对方情绪失控。

# 7

# 透视身体密码

君子之所人不及,在君慧眼善识人。

——曾国藩

## 读故事

有一次,李鸿章为曾国藩举荐了三个年轻人。曾国藩并没有直接召见三个人,而是在一旁偷偷观察三个年轻人等待通传时的举动。

第一个年轻人认真地观察着房里的摆设,第二个年轻人低头原地站着,第三个年轻人背着双手,看着天上的浮云。时间一分一秒过去,前两个年轻人早已显出不耐烦的情绪,第三个年轻人却依然饶有兴致地欣赏风景。

没多久,曾国藩将三个年轻人带到书房,开始谈话。仔细观察摆设的年轻人,与曾国藩谈得最投机,第二个年轻人口才普通,第三个年轻人对事物则有独到的见解,并常常语出惊人。

之后,与曾国藩相谈甚欢的年轻人被委以虚职;老实的年轻人当上了管理钱粮马草的官职;而有独到见解的年轻人则被委以军前效力的重任。

李鸿章对曾国藩的安排相当不解,前来讨教。

曾国藩说:"第一个年轻人与我谈话投机,但他对自己所说并不十分了解,只是善于迎合罢了,而且最没有耐性,这说明此人善于钻营,表里不一,绝对不能委以重任。第二个年轻人沉稳有余,过分老实,没有做大事的魄力,只能做个刀笔吏。第三个年轻人对事情有独到的观点,最可贵的是,在我面前能够不卑不亢地陈述自己的见解,日后必会有大作为。可惜此人性情过于直爽,将来会吃大亏。"

事情果然不出曾国藩所料,第三个年轻人的名字是刘铭传,后来当上了台湾首任巡抚,显赫一时,最终遭到小人暗算,黯然离开官场。

在人际交往中,穿戴可以体现身份地位,眼神和姿势则会在不知不觉中泄露人们的真正想法。

就眼神而言,可以约略看出一个人的心态与性格:被别人注视就会马上移开视线的人,大多自卑,无法直视对方的人多半内向。与别人谈话时,尽量将视线集中在对方的眼部和面部,这能表现出真诚的倾听、尊重和理解;反之,闪避对方的目光,通常表示话不投机或者不快。

与人交往中,一方面要学会了解对方的真实意思,另一方面要表现好的举止,给对方留下一个好的印象,这样就会有利于交往的进一步发展。

综合而言,隐藏在身体语言中的情绪可分为以下几大类:

1. 自信十足。

抬头挺胸、下巴略高、背负双手、翻动衣领、坐姿向前倾斜。

2. 愿意接受。

眼睛平视对方、微笑、打开手掌。

3. 紧张。

双手绞在一起，坐立不安、不停抽烟、拨弄身上的小物品、揪耳朵、捂嘴、吹口哨等等。

4. 安全感不足。

用嘴咬笔或指甲、不停搓揉手指、用手揪自己的皮肤等。

5. 十分配合。

坐姿前倾、身体放松、以手托颊。

6. 遭遇挫折。

双手握拳、拨弄头发或后颈、呼吸急促。

7. 防卫心理。

偷看、侧视、说话时眼光看地、微笑时闭着嘴唇、摩拳擦掌、以手摸鼻或揉眼、靠在墙上或树上等。

 小知识

**透过"眼手"看上司**

在人际交往中，察言观色是了解对方真正意图的一种妙方。透过仔细观察上司的言语、表情及肢体语言，就能够让你在很短的时间内了解对方真正的意思，让你及早做好准备来应对。

❖ 说话时低头、不看人。上司不把下属放在眼里，认为下属没有工作能力。

❖ 双手叉腰，双肘向外。喜欢下令。

❖ 久久盯视。希望获得更多的信息，或者加深对下属的印象。

❖ 看人时从上往下。高傲自负，支配欲强。

❖ 目光犀利、表情单一。对下属冷漠，并暗示下属他知道一切。

❖ 目光犹疑不定。表示对下属捉摸不透。

❖ 眼光凝视别处，时而点头。表示对下属说什么并不关注，下属必须完全服从。

❖ 身体靠向椅子，双手放于脑后，身体放松。表示轻松或者自负。

❖ 以坦率的表情看人，对下属眨眼睛。表示他非常认可下属。

❖ 双手交叉向下。表示平静。

❖ 双手于身后握紧。表示优越感。

❖ 拍肩：从侧面表示认可欣赏。从正面表示轻视或显示权力。

❖ 双手并拢呈金字塔状指向下属。表示反驳下属的意见。

❖ 将食指指向对方。表示挑逗、优越感。

# 8

# 记住名字成就好人缘

最简单、最重要的获取好感的方法，就是牢记别人的姓名。

——戴尔·卡内基

## 读故事

吉姆·弗雷德从小家境贫寒，小学毕业就得辍学打工。他46岁时，担任国家邮政部长一职。罗斯福能够入主白宫，得益于吉姆的倾力相助。

既没有学历，又没有背景，吉姆·弗雷德究竟是靠什么取得成功的?

一位年轻记者带着这样的疑问，来到了吉姆·弗雷德的办公室。

吉姆·弗雷德这样回答:"努力勤劳工作，就是我成功的奥秘。"

年轻记者露出疑惑的表情，说:"应该没有这么简单吧? 听说您可以随口说出一万个人的名字，我认为这和您的成功有着很重要的关系。"

吉姆·弗雷德笑了:"其实我能够毫无差错地说出五万个人的名字，并且能够问候他们的家人以及工作上的事情。"

五万个人的工作和家人的情况！年轻记者震惊了,他问:"您是怎么做到的？难道您的记忆力高人一等？"

吉姆·弗雷德摇摇头,说:"每次与陌生人见面的时候,我都会将他们的名字、爱好、家人及政治观点抄在本子上,再深深地刻入脑海中。"

## 学交际

与人交往要从尊重别人开始,尊重别人要从记住别人的名字、爱好、习惯入手。

名字,不仅仅是称呼,还包含着个人的尊严与个性。

人们很愿意被人提起自己的名字,即使只是一面之缘。如果你能清楚叫出对方的名字,他就会对你的印象大幅提升。

法国皇帝拿破仑三世非常忙碌,但是在百忙之中,他依然能够记住他认识的每一个人的名字。当别人向他介绍名字,他没有听清楚或者对方名字难记时,他都会不厌其烦地请对方重复,然后他会在头脑中将此人的信息重复几遍,直到印到脑子里。

在交际过程中,忘记名字或者叫错名字是非常尴尬的,也是一种不礼貌的行为,会立即影响到交际的进行。怎样才能轻松记住别人的名字呢？以下七种方法,可以帮助你解决难题:

1. 表现出对别人的关注与兴趣。

在别人向你自我介绍时,你一定要表现出关注和兴趣,这有助于加强记忆。

2. 不断重复名字直到记住。

当别人告诉你名字时,如果一遍记不住,不妨在心里重复几遍。

3. 多称呼对方名字。

在交谈中尽量使用名字称呼对方,说多了自然就记住了。

4. 将名字与人对照。

记住对方名字的同时,顺便记住对方的相貌特征。

5. 将对方的名字记录下来。

好记性不如烂笔头,记下来除了加深印象,还可以经常拿出来看一看。

6. 记住主要人物。

同时出现较多陌生人时,可以挑选主要人物来记忆。

7. 找到与对方名字相关的词语。

如果对方的名字与你熟悉的事物相近,你可以在头脑中建立起两者的关系以方便记忆。

**打招呼的学问**

遇到熟人时,大家都喜欢和对方打招呼,但打招呼也有不少学问。

❖ 不是所有场合都需要打招呼。电影院、厕所就不适合说话打招呼,此时可以微笑或点头示意。

❖ 打招呼应遵循男士主动、晚辈主动打招呼的原则。

❖ 打招呼以对方习惯及双方关系为基础,尽可能简单自然,比如"你好"、"早安"、"汪老师好久不见"。

❖ 问候语要看人、场合、时间、气氛,生活中常用的问候语,不一定适合所有场合,"吃了吗?""还没睡?"就不适合在严肃的场合使用。

# 准确把握交际中的自尊弹性

人应该尊敬自己,并自认能配得上最高尚的东西。

——黑格尔

## 读故事

春秋时期,齐宣王酷爱音乐,尤其爱听吹竽,后来打算找三百个会吹竽的乐师组建一个交响乐团,简称"齐宣王三百竽师"。

南郭先生,听说了这件事情,想着公务员铁饭碗总没错,虽然他不会吹竽也没钱补习,仍旧咬牙参加了招考,没想到真的考上了"齐宣王三百竽师"。

之后,每次交响乐团演奏时,南郭先生都是在人群中装模作样,却像其他竽师一样,领着优厚的待遇。

南郭先生原本以为能一直混到领退休金,谁知道齐宣王驾崩了,齐泯王继位。与他爹不同的是,齐泯王喜欢听独奏,并下令让竽师们好好练习,之后轮流吹竽给他欣赏。

听到这个消息,南郭先生吓得屁滚尿流失了魂,想来想去,最后潜逃到与齐国没有引渡协议的国家了。

人要脸，树要皮，很多人为了自己的面子小心翼翼、谨慎万分，因为面子就是自己既敏感又脆弱的自尊心。

心理学家认为，人人都有维护自尊的天性。从马斯洛的需求层次论中可以看到，自尊是高于衣食住行的一种更高层次的精神需求。

然而，脸皮有薄厚之分，自尊心有强弱之别，有些人脸皮薄，面子高于一切，别人稍有冒犯，要么火冒三丈进行反击，要么拂袖而去从此结仇；有的人却恰恰相反，脸皮胜过铜墙铁壁，视个人尊严如无物，每每突破道德下限。

总之，脸皮太薄不行，太厚也不好，正确的方法是让脸皮保持一定的弹性，根据实际情况随时调整，该厚则厚，该薄则薄。

如何视状况调整脸皮厚度？

1. 反复提醒自己这次交际的任务和使命，不要让情绪影响了大局。

2. 为了维护面子而发泄心中的不快，不仅让事情毫无转圜的余地，而且还会使自己丧失继续交际的机会，得不偿失。

3. 反思自己，虚心接受别人的建议。即使对方错怪了你，也应该在事后慢慢解释，而不是当场将事情搞得一塌糊涂，难以收场。

4. 某些时候，厚脸皮反而是维护自尊的方式，当你的请求遭到拒绝时，你的锲而不舍往往会打动对方。

**自尊的意义**

人际交往中,自尊是处于第一位的,因为人人都需要自我尊重。

自我尊重是一种自我约束的行为,是一种道德上的约束,自尊让我们有意识地规范自我举止和行为。比如在安静的会议场所,大声说话会打扰会场,于是自尊让你接受整个会场的规矩,而不是我行我素。

在职场上,你必须尊重自己的职业,先尊重自己的职业,才能赢得别人的尊重。

# 以退为进适当妥协

不会宽容人的人，不配受到别人的宽容。

——贝尔奈

## 读故事

汉朝有个丞相叫作公孙弘，自幼家贫，年轻时就养成了俭朴的生活习惯，就算当上丞相依然如此。

某次，都尉汲黯认为公孙弘沽名钓誉，写信给皇帝打小报告："公孙弘当上了宰相，薪水这么高，却餐餐吃排骨饭，睡觉只盖凉被，根本是在装清廉，心机太重了。"

听到了这件事，公孙弘马上写了检讨报告给皇帝："报告皇上，汲黯跟我是一辈子的好朋友，既然连他都这么说，这件事肯定是我的错……幸好汲黯忠心耿耿，不然陛下肯定不知道我的这些过错。"

看完公孙弘的信，汉武帝觉得公孙弘为人谦让，更加尊重他了。

## 学交际

面对汲黯的指责，公孙弘没有任何辩解，看似吃亏，其实占了大便宜。

公孙弘深知，在汲黯的说辞已经被皇帝和众人接受的情况下，再做辩解，旁观者只会认为他在帮自己开脱，于是公孙弘以退为进，不仅没有对汲黯的指责做任何辩解，而且对汲黯赞赏有加。

以退为进，是一种大智慧，尤其是对领导者而言。

领导人是众人关注的焦点，免不了会有一些非战之罪，更何况人非圣贤，孰能无过？适时退让，不仅能避免让对方产生更多的敌对情绪，也能体现你宽容大度的胸怀。

交际中，我们经常需要透过说服对方来达到自己的目的，如果一味强调自己的优点，企图占据上风，对方反而会加强防范心理。如果这时候以退为进，无意间露出些许自己的缺点或错误，使对方觉得你很真实，并产生一种优越感，彼此之间的心理距离就能拉近许多。

以退为进，说到底就是表面上让步，实际上却暗中进了一步，就像开弓射箭一样，把弓弦往后拉，是为了让射出去的箭更有力。

春秋时期，晏子出使楚国。

"齐国没有人了吗？"楚王嘲讽："为什么派你这样一个人来做使臣呢？"

"我们齐国首都的大街上，人群展开衣袖就可以将天空遮蔽起来，流下的汗水就像雨一样多，怎么会没人呢？"晏子很诚恳地回答："只是我们齐国习惯派贤明的人出使贤明的国家，无能的人出使无能的国家，我是最无能的人，只好出使楚国了。"

楚王面红耳赤，自觉没趣。

在应对楚王苛刻的问话时，晏子以退为进，表面上承认自己无能，实则讽刺楚王无能。既维护了齐国的尊严，又有力地回击了楚王。

在交际的过程中，我们也能够以退为进，让对方顺从自己的要求——先提出一个大的要求，如果对方没有同意，退一步提出小要求，在这种情况下,对方往往会透过满足你的小要求,来弥补没答应大要求而产生的内疚感。

在达不到最终目标的状况下,我们也可以抱着以退为进的态度,及时调整期望值,适时让步,让事情向好的一面转化。

 小知识

**人际交往中的登门槛效应**

登门槛效应,又称得寸进尺效应,由美国社会心理学家弗里德曼与弗雷瑟于 1966 年实验后提出。

他们到两个不同的住宅区,要求人们在房前竖立一块"小心驾驶"的大标语。在第一个住宅区,他们直接提出要求,被很多居民拒绝,整体接受者不到两成;在第二个住宅区,他们先请居民在一份交通安全的倡导书上签字,几乎所有的居民都答应了,几周后,再向他们提出竖立警告牌的要求,结果答应的居民超过了五成。

同意提供小帮助,会给人一种乐于助人的自我感觉,接着人们就会继续朝着这个方向行动,进而答应更多的要求。

# 4 动脑不动气
# EQ打造黄金人生

个人 EQ 决定了人生 IQ,换环境不如换脑袋。

管理好 EQ,全世界都会听你的。

活络你的脑部思维,开拓人生新视界,让人际网络永远不断线。

# ① 成功经营跨文化关系

当我在米兰,我不在星期六斋戒;当我在罗马,我在星期六斋戒。

——圣安伯罗斯

## 读故事

有两个商人想到裸国做生意,一个叫吕不韦,一个叫沈万三。

吕不韦说:"听说裸国人平时都裸露着身体,我们应该尊重裸国的文化,入境随俗。"

沈万三不以为然,说:"难道要跟他们一起光着身子?"

吕不韦说:"礼仪教养在我们的心里,而不在我们的衣服上,何况我们要亲近他们才能做生意,也只能这样了。"

沈万三勃然大怒:"畜牲不如!我才不会这样做!"

吕不韦入境随俗,很快就和裸国人处好关系,甚至连裸国国王也非常尊敬他。至于沈万三,则坚持自己的文化礼仪习惯,不仅如此,他还处处诽谤诋毁裸国文化。没多久,裸国国王把沈万三赶出裸国,再也不允许他踏入半步。

 **学交际**

　　很多人和故事中的沈万三一样，凭借自己的价值观行事，即使到了别人的地盘，也不尊重别人的生活文化习惯，因此遭到主人的报复，自己的愿望也化为泡影。懂得入境随俗的吕不韦，则交到了很多朋友，最后赚到了钱，圆满实现了自己的愿望。

　　入境不随俗，就好比到人家的地盘撒野，自然也就不会有好结果。

　　当你兴冲冲拿着一束菊花送给日本女孩时，你追求对方的机会也会化为泡影，因为在日本，菊花是用来祭奠死人的。再比如有些民族不吃鱼，基督徒不拿香等等，类似的例子太多了。总之，无论是做生意、追女友或者拜访朋友，都不要忘了先了解对方的文化习俗，随时调整自己的交际策略，才能百战百胜。

　　每个人都希望获得别人的尊重，但前提是我们要先学会尊重别人，包括别人的生活习惯、文化、信仰，只有入境随俗，客随主便，才能让自己的交际得以成功。

 **小知识**

### 中西方的文化差异

　　❖ 隐私。大部分华人愿意并善于与别人分享自己的事情，也愿意了解他人的事情，隐私观念比较淡漠。西方人恰恰相反，他们注意自我空间，不愿意任何人干预自己的私生活，年龄、职业、收入这类信息，西方人看成是个人隐私，不愿让陌生人知道。

　　❖ 客套。受儒家文化熏陶几千年，华人崇尚低头做人的理念，在别人夸赞自己时，即使夸赞符合事实，也会谦逊一二；而西方人听到别人夸赞只会道谢，对于华人的过分谦逊，西方人反而认为是不诚实的行为。

◈ 餐饮。用餐时，华人会补上一句"粗茶淡饭，请多多包涵"；而在西方国家用餐，不要替别人夹菜和劝酒，因为在他们眼里，吃多少喝多少是别人自己的事情，其他人不应该干涉。

# 身段造就好人缘

撑持事业,须先立定脚跟始得。

——曾国藩

## 读故事

康熙晚年,皇子间为了储位明争暗斗,整个皇室暗流涌动。

预见到儿子间的厮杀即将上演,康熙无力阻止,失望地对儿子们说:"照现在的状况,恐怕我尸骨未寒,你们就会把我扔在乾清宫,开始操起刀枪争斗了吧!"

当时的形势对雍亲王并不利,论人气声望,八阿哥胤禩高居其上;论与康熙的亲近,三阿哥胤祉在他之上;论才干,十四阿哥胤禵占优。

对此,雍亲王的幕僚戴铎说:"做英明父亲的儿子难,过分表现会引起圣上怀疑,过分隐藏又会被皇上鄙弃。不如韬光养晦,以待时机。"同时还提出了五条策略:第一,诚孝皇父;第二,友爱兄弟;第三,谨慎敬业;第四,戒急用忍;第五,加紧联络百官,尤其是康熙帝的亲信重臣,地位较低的近侍和汉人官员也不要放过。

此后,雍亲王以戴铎为他出的一整套主意行事,最终登上了皇位。

 **学交际**

　　枪打出头鸟，锋芒外露，于交友、处世都不利。一个人在生活中要学会韬光养晦，该低调时就要低调，时时谦虚，事事谨慎，才能获得好的人脉与人缘。

　　人在屋檐下，该低头时要知道低头。知道变通的人，自然能处理好人际关系，事业才能平顺，一味争强好胜，最后损害到的都是自身的利益。

　　人们常说，有真材实料的人往往深藏不露，半瓶水的人才会到处响叮当，这种看法不无道理。

　　一个真正有实力的人，不需要透过别人的赞扬来满足自己的虚荣心，于是看似低调，即使无意露出锋芒，也是自然流露，这样的人，看不穿，猜不透，使人心生敬意。低头做人，不仅不会失去尊严，反而更能维护尊严。当然，低头做人并不是让我们忍气吞声、逆来顺受，而是养精蓄锐，蓄势待发，是一种玉在椟中求善价的气魄。

 **小知识**

　　**低调五大法则**

　　❖ 不轻易与人争辩。

　　❖ 善于自我解嘲。

　　❖ 难得糊涂。

　　❖ 走为上策。

　　❖ 利用别人的同情心，将自己的痛苦脆弱放大，别人就会放过对你的猛烈攻击。

# 距离产生美感

　　真正的友谊，需要保持一定的距离；有距离，才会有尊重，有尊重，友谊才会天长地久。

——尤今

## 读故事

　　在严寒的冬季，刺猬经常会将身体紧紧靠在一起，然而身上的针往往会扎得对方受不了，很快又各自散开。可是天气实在寒冷，又驱使它们不得不靠在一起……反反复复，刺猬终于找到了合适的距离，既可以让它们互相取暖，又不至于刺伤自己。

　　"保持一定的距离！"这是法国前总统戴高乐的座右铭。戴高乐的各种幕僚人员，每两年就会更换一批。不仅如此，戴高乐会明确告诫新职员任期，让他们不要把这份工作当成自己的终生事业。

　　为什么要这样做？

　　聪明的戴高乐，是一个靠自己的思维和决断来行事的领袖，他也不容许自己离不开别人，也不想让身边的人成为他的依赖。在戴高乐眼里，岗位不调动才是一件不正常的事情，只有不断流动，才能让周围的思维和决断具有生命力并充满朝气，也可以杜绝因长期从事一项工作，而造成的人员营私舞弊、贪污受贿等腐败现象。

 学交际

在与人相处时，需要有一个安全距离，既能保障彼此获益，又不至于伤害到对方。

有个心理学家特地做了一次实验。

在一间大阅览室中，有一位不知情的读者，一位心理学家走进阅览室，坐在他的旁边。这个实验进行了 80 次，没有一个人无视心理学家，大部分的人会主动换位子，有的人甚至会直接问他："你想干什么？"

人与人之间，需要保持一定的距离，没有人喜欢别人随意闯入自己的空间，这个空间就像是一个膨胀的气球，太挤，气球就会爆开。安全空间一旦被破坏，人就会产生排斥和逃避心理。即使是再亲密的人也是如此，彼此太亲近，就容易破坏和谐的关系，进而发生摩擦。

"过于亲近，易生侮慢之心"，得意忘形的人往往忘记了该保持的适当距离，于是转眼间平静被破坏，言行举止失当，往日的亲密伙伴反目成仇。

所以，在处理日常人际关系中，我们应该时刻保持理智和冷静，不应过于亲密而忘了彼此间的安全距离，而伤害了好不容易积累的人际关系。

美国人类学家爱德华·霍尔博士，划分了四种人际关系距离：密切、个体、社会、公众，其中又各自分为接近、较近、稍近、远离型几种。从两个人之间的距离，基本可以看出他们的亲疏程度。

密切距离（夫妻、祖孙、父母子女、恋人、姊妹、挚友）：接近型为 15 公分以内，较近型为 15 到 45 公分。

个体距离（朋友、同事、同学、上下级）：接近型为 45 到 75 公分，稍近型为 75 到 120 公分。

社会距离（同行、商务关系人、买卖关系人）：接近型为 120 到 210 公分，远离型为 210 到 360 公分。

公众距离（公共场所的陌生人）：接近型为 360 到 750 公分，远离型为 750 公分以上。

认识人与人之间的距离，我们在处理人际关系时，就能够把握良好的尺度。

1. 对待同事关系要远近适当，做到不即不离。

同事间的关系很微妙，距离太远会难以沟通，别人会认为你孤僻；太近了容易让上司认为你拉帮结伙搞派系，有时还会暴露自己的隐私。对待同事，不妨仿效一下刺猬取暖，保持不远不近的安全距离。

2. 不要主动和老板做朋友。

很多老板都不希望下属成为自己的朋友，让员工了解自己的私事，对公司和老板自己都不是一件好事。所以，尽可能和老板保持普通的上下级关系。

3. 理智应对突然急剧升温的情感。

一般来说，人的情感是靠时间逐渐累积的，突如其来的情感升温，应该小心对待，不要一下子冲昏了头，而忘了应该保持的距离。

**职场社交最佳距离**

❖ 1.22～2.13 米（老板距离）：低于此距离，老板会感觉你在为难他；超过此距离，老板会认为你不够真诚。

❖ 2.13～3.66 米（同事距离）：低于此距离，同事会认为你气势凌人；超过此距离，同事会认为你没有礼貌。

# 4

# 笑到最后终成赢家

　　聪明难，糊涂难，聪明转糊涂更难；放一着，退一步，当下心安，非图后来福报也。

——郑板桥

## 读故事

　　难得糊涂，是清朝文人郑板桥的处世名言。虽然他表达的是对时政的不满，颇有无可奈何的心态，但在社交圈中，难得糊涂却是极实用的。

　　春秋时期，楚庄王设宴招待群臣，并且让自己的宠妃为大家敬酒助兴。正当大臣们喝得兴起时，一阵风吹灭了所有的蜡烛，整个大厅顿时一片漆黑。这个时候，有人拉住宠妃的衣服调戏她，宠妃奋力挣脱，并且扯下了那个人帽子上的系缨，接着宠妃跑到楚庄王身边，将刚刚发生的事情告诉了他。

　　楚庄王思考片刻，对大臣们说："今天是高兴的日子，大家都把帽子上的系缨摘下来，痛痛快快放松喝酒！"

　　大臣都照楚庄王的要求做了，等所有蜡烛重新点亮后，楚庄王也没有再提有人冒犯爱妃的事。七年之后,楚庄王带兵攻打郑国,正在危急关头,大将唐狡自告奋勇,冲进敌人的包围中,救回了命悬一线的楚庄王。楚庄王答谢唐狡时,才知道唐狡就是当年调戏宠妃的人。

楚庄王之所以当下没有把色狼大臣抓出来惩处,是因为他明白,当前局势只有敌我矛盾才是主要的,与大臣之间的这些事,如果不装点糊涂,自己就会损失一个大臣,这对他来说是一个巨大的损失。

那么,楚庄王糊涂吗?

在生活中,我们也会遇到像楚庄王这样的尴尬状况,如果我们也能从大局出发,难得糊涂,就会使交际更加顺利。

事事聪明的人最终未必能得到好处,反应迟钝的人也未必会吃亏,能笑到最后,才是真正高明的智慧。

许多时候,迟钝一点、傻一点、糊涂一点,往往比聪明更有利。但在人际交往中,难的不是聪明,而是装糊涂。那么,我们怎样才能做到"难得糊涂"呢?

1. 放下对自我的念念不忘。

面对自己的成绩和才能时,要做到忘记自我。不要将自己的成绩挂在嘴上,在人前炫耀容易引起人嫉妒之心。一定要记住,满招损,谦受益。

2. 放下对他人的念念不忘。

对待别人的禁忌、敏感和过失,我们应该装糊涂,不要揭人短处或伤疤;就算是真正关心,也要委婉表达。

在很多无伤大雅的小事上,我们不妨学着糊涂点,不要事事都尽显聪明,与人针锋相对,反而会让事情变得很难处理。

**职场交际中的聪明与糊涂**

❖ 上班聪明些，下班糊涂些。在上班时，应该保持一颗聪明的头脑，认真处理工作的事情。下班时，对待同事的言论，要糊涂些好。

❖ 正事聪明些，小事糊涂些。对公司的任务和工作一定要聪明些，认真完成。对薪水、升迁、福利等小事要糊涂些好，不要太计较。

❖ 工作聪明些，关系糊涂些。对待工作要有板有眼，要聪明些，不能模棱两可，"大概"、"似乎"、"好像"这些字眼不要用在工作上。对待关系，一定要糊涂点，因为人际关系处理起来需要更多的灵活应变。

❖ 开会聪明些，平时糊涂些。开会的时候，一定要清楚表达自己的意见，要聪明，事先想清楚。开完会之后言论糊涂些，不要轻易表态和亮明自己的观点。

❖ 异性聪明些，同性糊涂些。与异性交际要聪明些，因为异性之间的过分亲密很容易误事，也会影响个人在公司的形象。同性之间就可以糊涂些，不必过于认真。

❖ 已知聪明些，未知糊涂些。对于已经知道的事情一定要聪明，三思而后言，否则不要轻易发表自己的意见。对于未知的事情可以糊涂些，尤其是自己不肯定的事情不要轻易说出口，更不能捕风捉影发表意见，这样别人会认为你不严谨，弄不好还会误事。

# 5

# 世界终是公平的

上帝拿走了你一样东西，说不定是要把更好的给你。

——张小娴

 读故事

胡雪岩早年只是个小商人，却有着以政辅商的心思；王有龄则是杭州的一个小官员，一直想往上爬，却苦于没有钱作为敲门砖。

某天，两个人聊起了这件事情，胡雪岩就变卖了自己的家产，将几千两银子无偿送给王有龄。王有龄进京求官去了，胡雪岩则继续做小生意，把这件事抛诸脑后。

几年后，王有龄升为巡抚，上门拜访胡雪岩，胡雪岩祝福了一下对方，也没说什么其他要求。但王有龄知恩图报，处处照顾胡雪岩的生意，于是胡雪岩的生意越做越大。

 学交际

从长远的角度看，世界是公平的，没有谁能够一直占便宜，也没有谁

能够一直吃亏。占便宜或吃亏就像是播种，时机一到，就会收获果实。

在社会交往的过程中，利益得失不断上演，在一个个复杂的利益关系中，既有受益的一方也有吃亏的一方。在人们眼中，吃亏是一种贬义的、无能的、弱势的象征。因此，在利益关系的博弈中，人们总是千方百计地避免吃亏，费尽心机地占便宜。

真是这样吗？

宋代有一个叫李士衡的官员，某次出使高丽国。出发前，副使发现船底有些漏水，但副使并没有告知李士衡，而是悄悄地将李士衡的行李放在底下，自己的行李放在上面，以防受潮。

航行途中，一行人突然遇到大风浪，有翻船的危险，于是船长要求将装载的货物全部丢进海里。丢到一半，风雨停了，船也脱离了危险，副使检查时才发现，被丢掉的都是摆在上层属于自己的东西，李士衡的东西除了受点潮以外，并没有受到任何损失。

塞翁失马，焉知非福？吃亏的最后结局，未必就是真正吃亏。

中国人向来有"吃亏是福"之说，但，吃亏并不是被人打了右脸，就把左脸也送过去让他打，吃亏讲究方式和技巧，吃亏要吃明亏，有理性，不能吃哑巴亏，更不能为了息事宁人而放纵对方占你的便宜。在物质利益上少锱铢必较，在名誉地位上先人后己，在人际交往中抬举他人，这样子吃亏，才会占到真正的便宜。

小知识

**吃亏的十大好处**

❖ 消仇化怨。

❖ 积累功德。

❖ 结交朋友。

❖ 拓宽道路。

❖ 消祸免灾。

❖ 播种福田。

❖ 增长寿命。

❖ 增进感情。

❖ 行善从善。

❖ 心底无悔。

# ⑥

# 面子是留给别人的

不尊重别人的尊严,就会失去自己的尊严。

——席勒

## 读故事

朱元璋当上皇帝之后,他的儿时玩伴前来拜见。

儿时玩伴一见到朱元璋就跪下磕头,说:"不知万岁是否还记得当年之事?微臣跟随陛下左右,亲眼见到陛下扫荡了庐州府,攻破了罐州城,虽然狡猾的汤元帅逃了,但英勇的陛下抓住了豆将军;后来红孩儿挡住前路,多亏了万岁出手才化险为夷……"

朱元璋喜笑颜开,重重封赏。

另一个儿时伙伴听说了此事,也找上门来,一见到朱元璋就眉飞色舞、指手画脚:"万岁,当年我们用瓦罐煮偷来的豆子,豆子还没煮熟你就抢着吃,结果打碎罐子,豆子和汤都洒在地上,你也不管,挤命从泥巴里捡豆子吃,结果被草根噎到,多亏我急中生智,塞了一团菜叶进你嘴巴,你才能将草根连同菜叶吞进肚子里……"

朱元璋恼羞成怒,下令处斩。

爱面子，不仅要爱自己的面子，也要爱别人的面子，把别人的面子当成自己的面子来看待。如果你不给别人留面子，为难别人，别人也不会给你留面子。

在生活中，应该学会尊重别人，嘴下留情，手下留情，处处给人留点面子，处处维护别人的面子，别人也会尊重你，也会给你留面子。这样，你必定是一个受人欢迎的人，你的面子也会得到别人的维护和尊重。

我们究竟该如何处理面子问题？

1. 不要争面子。

面子先留给别人，不争面子才能和气生财。如果好面子，不给对方留余地，对方也会为了面子而和你反目。

2. 不要点破对方的谎言。

现实生活中，我们会经常听到谎言，如果谎言是善意的，不违背原则且没有大碍的，不妨糊涂一点，接受对方的谎言，甚至帮对方找到圆谎的好理由。这样，对方会感激你，甚至因此会心生愧意，主动改正自己的错误。如果你当场揭穿对方，不给人留面子，反而会使对方憎恨你，使关系恶化。

3. 让他吹他的牛。

当别人自吹自擂时，就算你知道这不符合实际情况，但既然没有什么实质伤害，就不用揭穿对方。

4. 帮助别人摆脱尴尬。

当别人尴尬时，尽可能帮对方摆脱尴尬，维护别人的面子，而不是落井下石。

# 7

# 懂变通就有活路

世间没有什么比笃实的无知和诚心诚意的愚蠢更危险。

——德国谚语

## 读故事

有一位非常虔诚的牧师，几十年来照顾信徒，使命必达，始终如一。

然而天有不测风云，突如其来的大雨一连下了半个月，大水将村里的房子都淹没了。浑身湿透的牧师避无可避，打着哆嗦爬上了教堂的屋顶。这时，远处来了一条船，船上的人对着牧师喊："牧师，我来救你了，上船吧！"牧师摇了摇头："你走吧，我是上帝虔诚的仆人，上帝会来救我的。"没多久，水位更高了，牧师爬到教堂顶端的十字架上。

这个时候又飞来了一架直升机，救难员大喊："下面的人，我放下吊索，你抓紧！"

牧师还是摇头："上帝会来救我的！你走吧！"

没多久，大水吞没了牧师。

牧师上了天堂，生气地质问上帝："几十年来，我一直虔诚地信奉您，您怎么能眼睁睁看着我淹死呢？"

上帝望着他："可怜的孩子，我曾经派过两个人去救你，一个开船，一个开直升机，你都拒绝了。"

在复杂多变的人际关系中，我们应该学会随机应变，心眼要灵活。不能用同一种方法对待所有的人，这样很快就会走入死路。针对人的多样性，应对策略也应该是多样的，这种变通，并不是滑头善变，而是为了迎合不同人的不同需求，了解别人的需要，满足别人的需要，最终达到良好人际关系的最终目的。死脑筋，会大大地影响做事和处理问题的效果。

战国时期，军事家孙膑来到魏国，魏王召集群臣，想当众考一考孙膑的智谋。

魏王坐在宝座上，对孙膑说："你能不能想出一个办法，让本王从宝座上下来？"

孙膑思索一下，说："我没有办法让您从宝座上走下来，但是微臣有办法能让您坐上宝座。"魏王好奇了，走下宝座说："本王下来了，你要怎么让本王坐上去？"

孙膑不疾不徐地说："大王已经从宝座上走下来了。"从此以后，孙膑得到了魏王的重用。

懂得变通，让孙膑成功化解了魏王的难题，不仅证明了实力，还得到了魏王的赏识及重用，从此改变了自己的命运。

所谓的灵活多变，绝对不是不讲道德，利用一切手段，也不是奸猾、老谋深算地算计别人。处理人际关系，应该以诚信为本，再采取灵活变通的方式，不呆板、不过头，本着适度原则即可。

为人处世，不妨给自己一些变通的空间。比如承诺时不要信誓旦旦，明知道自己有把握办成，也要跟对方说尽力试试看。

# 8

# 小心背后树敌

君子与君子以同道为朋；小人与小人以同利为友。

——欧阳修

南朝梁武帝时期，太子萧统的生母丁贵妃病故了，萧统选好了一块土地，决定买下来给母亲作为坟地。

一个地产中介获知此事，想将自己手上的一块地卖给皇室，就找到了梁武帝的亲信宦官："听说太子想买一块地埋葬丁贵妃，我手上有一块地，打算卖三百万钱，如果卖出，一百万钱孝敬您，您看如何？"

宦官见钱眼开，极力向梁武帝推荐。最后梁武帝买下了地产中介的土地，安葬了丁贵妃。

不久后，来了一个道士，对萧统说皇帝买的地不利于太子，必须作法免灾，否则将大祸临头。最后萧统让道士在墓侧埋下了腊鹅来解咒。

萧统有个下属叫鲍邈之，不受萧统重用，一直怀恨在心，听到这件事情之后，就跑去梁武帝那里，告密有道士作法，埋腊鹅诅咒皇上早死。

梁武帝大发雷霆，派人调查，果然挖出腊鹅，一时间，整个皇宫天翻地覆, 人心惶惶。

萧统为人老实, 心里充满恐惧和惭愧, 再加上梁武帝一直怀疑他, 悲愤交加之下, 没过多久就病死了。

俗话说得好, 明枪易躲, 暗箭难防。小人最擅长在人背后下手, 所以, 宁可得罪君子, 也不可得罪小人。

君子不会玩阴招, 也不会长期嫉恨一个人, 他们心胸坦荡, 光明磊落; 小人则完全不同, 得罪了小人, 随时随地他都有可能出手报复, 让你躲不及, 也防不及。

小人也是社会的一类人, 即使到了今天, 在我们身边, 也常常会有一些小人出现。

日常交往中, 我们应该怎样对待小人呢?

1. 事事小心谨慎。

做事前先检查, 尽量不要犯错, 即使遇到他人的非议与诽谤, 也应该理智对待, 以免结下仇怨。无论是工作还是生活, 都与周围的人尽量和谐相处, 有时难得糊涂, 有时审慎对待, 有时走为上策。

2. 以牙还牙。

如果真的遇到小人得寸进尺, 躲也躲不掉时, 干脆治治他们的嚣张气焰。小人一般害怕自己的罪行被揭露, 平时搜集足够的证据, 在关键的时候出招, 才能一招毙命。

但, 这招是在躲不过去的情况下, 用来教训对方的, 平时我们还是本着尽量不得罪小人的原则, 来处理人际关系, 以避免不必要的麻烦。

**人际交往要懂得适度暴露**

与人交往的过程中，适度暴露自己，可以增进彼此的感情。

此处讲的暴露，并不是让你当遛鸟侠，而是适度向对方透露自己的兴趣、爱好、价值观。这样一来，对方会比较容易敞开心胸，进而加深彼此的了解。要注意的是，自我暴露要适度，不然会让对方无所适从，反而使气氛尴尬。

# 9

# 人际中的适时施恩

帮助自己的最好方法就是去帮助别人。

——埃·哈伯德

 **读故事**

　　袁世凯成立新军，要招三个协统，最后决定举行三次考试，每次录取一人。

　　前两次考试，袁世凯的得力助手段祺瑞都没有被录取，他心里紧张不已，正在闷闷不乐的时候，忽然接到袁世凯的传令，让他前去拜见。

　　见到段祺瑞，袁世凯也没说什么正经事，只是闲聊，段祺瑞很不解，直到临走前，袁世凯才偷偷塞给段祺瑞一张纸条。走出袁府，段祺瑞打开纸条一看，竟然是协统考试的考题。

　　于是第三次考试结束，段祺瑞顺利当上了第三位协统，从此对袁世凯感恩戴德，极力回报他的恩情。

　　后来，袁世凯的三个协统王士珍、段祺瑞、冯国璋，都成了北洋军阀的风云人物，有一次因缘际会，段祺瑞谈起当年袁世凯塞纸条的事情，冯国璋、王士珍不由得大笑，原来他们也都得到过袁世凯塞的纸条。

用恩情来结人情，创造人脉，是一种非常好的方法，因为每个人都知道知恩图报的道理，这种方式使人际关系更稳固，持续的时间更长久。

在施恩的过程中，应该注意以下这些要点：

1. 雪中送炭。

战国时期，中山国国王设宴，用美味的羊汤款待国内名士。有一个叫司马子期的人没有收到中山国国王的邀请，因此怀恨在心，跑到楚国劝说楚王攻打中山国。

楚国国力强盛，轻而易举攻下了中山国。中山国国王逃到国外，路上有一个人始终追随他，不离不弃。中山国国王问他原因，他说："当年我的父亲曾经因为您的一碗羊汤而免于饿死，他临终时嘱托我，无论发生什么事，都要竭尽全力追随陛下，以死相报。"

同样一碗羊汤，亡了中山国，却救了中山国王。施恩不在乎多少，而在于别人是否真的需要。

2. 施恩后要低调。

很多人施恩之后，觉得帮了别人的大忙，便到处宣扬，恨不得让天下人都知道，甚至对被施恩的人傲慢不已。施恩是一件好事，但过分张扬，会让对方觉得是一种负担和债务，最后施恩不成反结仇。

3. 不要将人脉变成免洗餐具。

免洗餐具，用过一次后就成为废品，很多人经营人脉也是如此。施恩，对方偿还，之后两人就不再有任何瓜葛。这种做法，是一种缺乏战略眼光的短视行为。

另外，当你施恩之后，不要急于得到收益，因为人际交往和市场买卖不一样，感情的投入，是一种长时效和功能性的资源，有时候时间越长，价值就越大。

4. 施恩应该委婉。

太过直接地施恩，有时会让对方接受不了，因为对方会觉得自己的面子过不去。

5. 施恩要适量。

施恩不可过量，如果对方产生心理负担，反而会拒绝你。

6. 施恩要看对象。

有些人，无论你怎么对他好，他都不会感激，对待这样的人，最好还是敬而远之。

**人际交往的冷热水效应**

你面前有三杯水，一杯是热水，一杯是温水，一杯是冷水。先喝冷水，再喝温水，最后喝热水，你会觉得温水很热，热水烫死人；如果先喝热水，再喝温水，最后喝冷水，你会觉得温水很凉，冷水很冰。

在与人相处的过程中，如果巧妙掌握冷热水效应，遇到问题就能大事化小，小事化无，可以避免很多麻烦。

# 10

# 大和解咖啡的配方

不能用温情征服的人，殴打也无济于事。

——契诃夫

## 读故事

1754 年，美国国父华盛顿还是个上校。当时议会选举议员，华盛顿支持的候选人遭到威廉·佩恩的反对，不仅如此，两人在其他问题上也产生了分歧。在某次辩论中，佩恩一怒之下，一拳将华盛顿打倒在地。

第二天，华盛顿邀请佩恩到一家酒店，佩恩心想华盛顿想要报复他，就做好了决斗的准备。谁知道佩恩到酒店的时候，却看到了一桌丰盛的宴席，华盛顿微笑着向他道歉，说："如果你接受我的道歉，请你握住我的手，让我们交个朋友吧。"

佩恩非常激动："华盛顿先生，你是个高尚的人，我将会是你永久的追随者。"

之后，佩恩忠实而热情地追随着华盛顿，至死不渝。

　　工作、生活,难免会与人发生摩擦,甚至成为敌人。面对敌人,应该怎样做呢? 逃避和放弃并不是明智的做法,与敌人对抗到底更是愚蠢至极,只有化敌为友,化干戈为玉帛,才是最高明的做法。

　　在人际交往的过程中,我们可以从以下几点入手,将敌人转化为朋友,让我们的朋友圈无限扩大。

　　1. 将化解矛盾的讯息传递给对方。

　　冤家宜解不宜结,没有人喜欢自己多个仇人,问题发生了,就要努力解开这个结。可是有时候你未必清楚问题的症结在哪,这时候,不妨试着在私底下当面询问对方:"我并不知道我哪里得罪你了,请你告诉我好吗?"

　　如果对方保持沉默,怨恨就比你想象的要深,这个时候,你要更进一步:"不论你对我有多不满,这样下去不能解决问题,我们必须把话说清楚才行。"

　　直到对方愿意和你沟通,才是化解仇恨成功的第一步。

　　接下来,要开诚布公地分析两方的原因。一个巴掌拍不响,反目成仇这种事情绝对和双方都有关系,作为求和的人,你必须主动承认自己的过失,并且真诚地向对方道歉。这样做,绝对不是懦弱,而是有度量的表现。如果对方明理,就会反思自己的过失,这样,事情就会朝着有利的方向发展下去。

　　如果对方对你仇恨极深,并不接受你的歉意,你必须委婉地告诉对方:"我不想事情继续恶化下去。"这时不妨先让对方冷静一段时间,之后再找时间处理。

2. 借助第三方的力量。

如果担心两个人当面说会尴尬、不方便,不妨借助第三个人来传递和平的橄榄枝。

示好的讯息从你本人嘴里说出来和从第三个人嘴里说出来,对方的感觉是不一样的。你愿意让别人知道你想和解这件事情,就足以说明了你的诚意。

当你诚心向第三方表示悔意,第三方把讯息传递给对方之后,两边即使做不了朋友,也不会再是敌人,毕竟嫉恨一个人,不是什么快乐的事情。

3. 承认对方的长处。

每个人都有优点,找出对方的优点,适时称赞对方,对方会感到很受用,即使表面上不接受。人们会比较愿意接受一个认可自己长处的人,承认对方的长处,会让你更容易交到一个好朋友。

4. 告知对方他对你很重要。

如果对方知道自己在你心里很重要,通常会很高兴,会很有成就感,同时也会变得愿意与你交谈,解决问题。

5. 用真诚感动对方。

人性本善,即使你一时得罪对方,只要你真诚待人,用实际行动表现自己求和的诚意,时间久了,再多的仇恨也会消失。

 小知识

**避免结仇的五个禁忌**

❖ 打听别人的私生活。

即使你没有特殊目的,只是出于好奇,也不要做这样的事情。这会让对方对你心生忌惮。

❖ 来去自由，从不告知别人。

有些人从来不向同事交代自己的工作，甚至不和同事打招呼，这种不懂得尊重别人的人，很容易在别人的心中种下仇恨的种子。

❖ 嘴上不饶人。

有些人喜欢斗嘴，即使无关紧要的小事也要没理占三分，更别说得理之后有多不饶人了，非得对方败下阵来才肯罢休。这种人与别人的结仇度高达百分之两百。

❖ 好事不出门。

对于公司的一些好处，自己总是偷偷抢先，从不告诉别的同事，时间久了，别人会认为你是一个自私自利的人，人际关系自然会恶化。

❖ 死要面子不求人。

自己能解决的事情，大部分人并不愿意给别人添麻烦。但如果事事不求人，反而会冷落了别人，让别人觉得你不好相处。在适当的时候求助，会让人感受到你的信任，使彼此间的关系更加融洽。

# 5 聪明
玩转职场

职场就像一盘棋,有时四面楚歌,险象环生,一不留意就变成弃卒。

不想无声无息被牺牲,唯有透视职场潜规则,铺排心计,才能开拓好职程。

玩转职场,让你步步皆青云,左右都逢源。

# 1

# 识时务者占尽先机

一个明智的人总是能抓住机遇,把它变成美好的未来。

——托·富勒

## 读故事

战国时代,苏秦来到秦国,先后十次劝说秦惠文王实行"连横"政策:说服部分弱国与秦国合作,进攻其他弱国,达到各个击破、统一天下的目的,但都遭到了秦惠文王的拒绝。时间久了,苏秦的钱用光了,不得不回到家里。

回到家的时候,苏秦蓬头垢面,身体枯瘦,皮肤黧黑,家人都不想理他,他的妻子埋头织布,他的嫂子煮饭也没有他的份,就连他的父母都在背后嘲讽他:"不务正业,整天游说别人,没有前途!"

听到这些事情,苏秦长叹一声,开始闭门苦读,头悬梁、锥刺骨,一心研究。

一年之后,他再次走出家门,来到赵国,向赵王提出"合纵"的政策:联合韩、魏等五个小国,共同对付秦国。

这个政策深得赵王欣赏,他封苏秦为武安君,拜他为相国,奖赏他百辆车马和大量金银绸缎，让他去游说其他各国。

当游说的车队路过苏秦家的时候，苏秦下车一看，房子干净，家宴丰盛，他的妻子不敢看他，低着头，他的嫂子更是跪在地上，不停叩拜。

想起当年的场景，苏秦感慨地对嫂子说："当年我连饭都没得吃，嫂子现在为什么如此对待我？"

嫂子倒也直爽，回答说："你和当年已经大不相同，现在你是相国，身份显贵，有的是金银珠宝，这样我们全家人都体面啊！"

## 学交际

无论多么伟大的人物，都善于认清形势，调整步调，与社会上的各种人搞好关系，最后成就一番大事业。

这里所说的识时务，并不是一味迎合别人，即使是别人错了，也要随着别人一起错。真正识时务的人，要懂得蓄势待发，厚积薄发。

苏秦由失败到成功，就是从"不通时势"到"通晓时势"的过程转变。最初，他没有真正通晓时势，只想凭着自己的口舌说服秦王，结果当然失败了；后来他埋头研究，最终通晓时势，进而成功地说服了赵王，成为历史上著名的纵横家。

与苏秦相比，沈万三就没有那么幸运了。

那时候，明朝刚建立不久，财政困难，沈万三是个富甲一方的商人，想趁着这个机会讨好皇帝朱元璋，于是卖力地向官府输银纳粮。朱元璋相当开心，赏了他一个官做，并且让他自筹钱款，修建洪武门到西门一段的城墙。

为了继续讨好朱元璋，沈万三提出由他出钱犒赏士兵，没想到朱元璋大发雷霆，说："我有百万大军，你一个人能犒劳得了吗？"沈万三说："我能够犒劳每位士兵一两银子。"

朱元璋更加恼怒了，找了个借口说沈万三蓄意谋反，没收所有家产，发配到云南，沈万三在发配的路上得病而死。

沈万三为什么惹恼朱元璋？

他犯的最大错误，就是在于没有认清局势。

身为一个刚刚建国的皇帝，朱元璋最在乎的是什么？当然是皇位与权势。而皇位与权势，与军队是脱不了关系的。朱元璋怎么可能允许沈万三用钱砸他的军队，收买人心。

在现实生活中，无论是个人计划，公司决策，国家方针，都要相时而动，应时而变。如果事情发生变化，就要对原本的计划做出调整，甚至是重新计划。

不轻易放弃是一种美德，审时度势则是让你活到最后的方式。

有时候，后退一步，未必就是真正的失败，而是往前大跨步的准备动作。

自古至今，成功人士都懂得在关键时刻韬光养晦，这并不是他们贪生怕死，而是他们在等待一个一飞冲天的最佳机会。

# ② 细腻见涵养

天下难事,必做于易;天下大事,必做于细。

——老子

## 🌀 读故事

在美国一家知名公司的招聘现场,很多应征者紧张地等待面试。

这个时候,一个年轻人面试,走进主管办公室之前,年轻人捡起地上的一张纸屑,随手扔进了旁边的垃圾桶。

面试结束后,公司总裁亲自告诉年轻人他被录用了。

年轻人不敢相信自己的耳朵,因为在这次面试中,有太多太多比他优秀的人才,为什么会是他。

"总裁先生,方便请教一下我被录取的原因吗?"

总裁微微一笑:"你通过了本公司最关键的考验——捡起我让人放在门口的纸屑,并把它放进了垃圾桶。"

很多人都看到了纸屑,却没想到要把它捡起来。在总裁的眼里,一个小细节,却能够看出一个人的做事风格。

年轻人的名字是亨利·福特,他为美国汽车工业做出了巨大贡献,被人们尊称为"美国汽车工业之父"。

　　任何一件事情,都有其中不起眼的细小部分。然而,细小不代表不重要,很多事情的成败,往往就在细节之中。仔细一分就得胜一分,粗心一分就失败一分,很多成功者,并不是有多么卓越的才能,而是因为谨小慎微,处处仔细。

　　成功学告诉我们,不要忽视细节,在人际交往中尤其是这样。很多时候,一个细节决定了你被淘汰出局或者是成功交往的开始。

　　在生活中,需要注重细节的地方有很多。比如拜访别人要事先约好,按时赴约;作客应该衣着整洁自然;不要在别人家里大声喧哗或来回走动;作客要带着礼物;在别人家里不要逗留太久;与人谈话要端正坐姿,不能有不雅动作;表情要自然微笑;双腿自然放好……细节见涵养,无论生活还是交际,我们都应该时时处处注意自己的行为,这样才能给人留下好印象,使人更加愿意接受自己。以下四个交际细节,可以让你在复杂的交际中左右逢源:

　　1. 留意对方细微的变化。

　　当你看到对方的面容、穿着、身体有了细微的变化,你指出来,适当地称赞或关心一下:"你今天的发夹很特别!"对方会从心里感到高兴。这也是缩短与对方距离的好方式。

　　2. 称赞少有人知的小优点。

　　每个人都有优点,也乐于被其他人知道,然而有些优点隐藏比较深,比如能做很多工艺品,能煎出一道色香味俱全的蚵仔煎,擅长唱京剧等等。被人称赞这些大部分人不知道的优点,会让当事人有一种惊喜的感觉。

3. 留意对方随口说的话。

不要小看别人随口说的话，如果你够细心，里面有大文章可做。在关键时刻，由你嘴里帮对方说出来，对方会觉得你是一个非常细心、很关注尊敬他的人，这样对方就会对你另眼相看了。

4. 妆点自己的交际细节。

妆点自己的交际细节，能够给人留下更多的好印象。开心时微微扬起眉梢，严肃时微微睁大眼睛，疑问时则坦诚提出问题。用专注的眼神，认真地聆听，来表达你的真诚与认真；用沉着冷静的气度来表达你的稳重；用准时赴约来表达你的守信；用笔记的形式来表达你对事情的重视等等。

 小知识

**十个交际不要犯的细节错误**

❖ 不要打扰正在忙的人。

❖ 不要说别人闲话。

❖ 不要喧宾夺主，也不要畏缩不前。

❖ 不要有过重的好奇心。

❖ 平时注意积累人情，不要临时抱佛脚。

❖ 衣着得体干净，不要过于随意，也不要过于华丽。

❖ 不要目无长幼尊卑。

❖ 不要不辞而别。

❖ 不要毫无掩饰地咳嗽、打嗝。

❖ 不要以自我为中心。

# 3

# 对手永远是可敬的

> 对手就是我们的帮手，因为他们强健了我们的筋骨，磨练了
> 我们的技巧。
>
> ——埃德蒙·伯克

## 读故事

　　四月一日是国际爱鸟日，芬兰维多利亚国家公园放生了一只在笼子里关了四年的秃鹰。没两天，一位游客在公园附近的一片小树林中发现了秃鹰的尸体，解剖后发现，秃鹰死于饥饿。

　　为什么可以和猎豹等大型肉食动物争食的秃鹰，会沦落到如此下场？

　　在非洲奥兰治河两岸，同一种羚羊，却有着巨大的差异。东岸的羚羊不仅繁殖能力比较强，奔跑速度也比西岸的羚羊快很多。

　　动物学家做了实验，调换了十只两岸的羚羊到对岸生活，一年之后，从东岸到西岸生活的羚羊增加到了十四只；西岸到东岸的羚羊则只剩下三只。动物学家研究之后发现，原来东岸有狼群，天敌的存在，让东岸羚羊的生存能力和奔跑能力越来越强，而西岸的羚羊长时间生活在没有天敌的环境中，才导致了这样的结果。

 学交际

在生活中遇到对手,并不是坏事,从某种程度上来说,反而是一件好事,因为对手会让我们时刻保持警惕,不敢有丝毫懈怠,同时不断努力前进。如果我们生活在没有对手的环境中,就会失去前进的动力,使自身的能力得不到发挥,最后越来越平庸。

很多生意人,遇到同行,要么死打价格战,要么搞不正当竞争,不仅损害了对方的利益,也损害了自己的利益,最后两败俱伤。当然,也有商人不会这样,当竞争对手的价格比自己低时,商人会努力改进自己,以求得更好的发展。

在人际交往中,请你对敌人保持尊敬,胜利时感谢对方给你机会体验,失败时感谢对方让你发现了自己的不足之处。

其实,没有永远的对手,所谓的对手是相对的,是某一段时间里的关系,过了这个阶段,对方很可能就成了你的朋友。

人际关系中的对手,我们不仅要尊重,而且要将其视为自己的良师。

小知识

**化解冲突的绝招**

❖ 场合要合适。化解冲突有时候需要合适的场合。最好私下只有你们两个人在场,透过交流讨论,对引起冲突的话题再做一次探讨。

❖ 专注倾听。

在别人陈述意见的时候不要打断对方,应该注意倾听对方谈话的内容。

❖ 对事不对人。

谈论事情时，绝不牵扯到对方的人格问题，以免扯出一大堆恩怨。

❖ 主动承认自己的错误。矛盾通常是由双方引起的，一味指责对方，并不利于解决问题。主动向对方承认自己的错误，对方会比较容易自我反省。

❖ 求助外力。有些矛盾，透过自己未必能够解决，这个时候，寻找第三方或者更多的人调解，为彼此找到一个解决问题的途径。

❖ 宽容大度，不揭人短。对于有些事情，是非并不重要，重要的是不要加深彼此的矛盾，所以要有一颗大度的心，不要揭人短处。

# 4

# 搞定直属上司

一家公司想要发展迅速，必须聘请好的人才，尤其是聪明的人才。

——比尔·盖茨

 **读故事**

周文王要推翻殷商，四处招兵买马，访请能人。

某天，下属回报在渭水边遇到了用怪方法钓鱼的怪老头姜子牙。周文王派了士兵想把人叫来，但姜子牙没理士兵，只顾着钓鱼和自言自语："怎么鱼不上钩，都是虾来胡闹？"

听了士兵的禀报后，周文王改派一名大臣去请，可是姜子牙依然不理大臣，继续自言自语："怎么大鱼不上钩，都是小鱼来胡闹？"

于是周文王带着文武百官浩浩荡荡亲自拜访姜子牙。见到周文王，姜子牙终于不钓鱼了，他问："大王，我该如何进京？"

周文王豪迈挥手："骑马、坐轿，随你挑！"

姜子牙点点头，说："我想坐大王的车子。"

所有大臣都愣了，这辇只有帝王才能坐，你算老几？ 可是周文王想都没想就答应了。

姜子牙又说，"我坐辇，大王亲自拉。"

文官武将更吃惊了，这老头根本无法无天！可是周文王仍旧爽快地答应了。

于是姜子牙坐上辇，周文王拉着，开始一步一步向前走。问题是周文王平常肩不挑担、手不提篮，哪能拉得动重辇？拉一下停两下歇三下，没多久，实在拉不动了，对姜子牙说："老先生，我实在是心有余而力不足了！"姜子牙懒洋洋地走下辇，说："大王拉我走了八百七十三步，我保大王的子孙坐八百七十三年的天下。"

周文王一听，后悔了，连忙说："你上辇，我继续拉！"

姜子牙摇头："来不及了！"

后来，姜子牙辅佐周文王兴邦立国，还帮周文王的儿子武王姬发灭掉商朝，被武王封于齐地，实现了自己建功立业的愿望。

 学交际

在一间公司，除了要了解公司的规章制度、企业文化，还有一件被很多人忽略的重要事情：了解你的顶头上司。

顶头上司的为人喜好，将决定你在这个公司的为人处世。

你的上司是一个拥有宏观战略眼光的人，还是一个事必躬亲的人？你的上司沉稳还是活泼？你的上司是一个大而化之的人，还是一个非常谨慎细心的人？你的上司重过程还是重结果？你的上司是一个工作狂，还是一个兴趣广泛、懂得享受生活的人？你的上司喜欢喝茶还是喝咖啡？你的上司节俭朴素还是奢华？

总之，一定要认真了解自己的顶头上司，然后调整自己的人脉策略，你的事业才会顺利发展。

在日常生活中，有几种方法可以让你能够迅速了解你的上司，并赢得对方的好感：

1. 看准上司的脸色行事。

将上司的脸色当成公司的天气预报，天黑黑的时候请尽量避开雷区，随机应变，不要撞到枪口上。

2. 了解上司的价值观。

价值观决定了一个人的目标、做事方式和风格。只有了解上司的价值观，才能掌握大致的方向和原则。

3. 了解上司对你的期望。

上司会对他管辖的每一个职位有一个期望，了解他的期望之后，你就有努力的方向和目标。

4. 了解上司的压力和处理事情的方法。

上司要负责很多工作，了解上司的压力所在，以及处理事情的方法后，你就可以和上司有效地沟通，这样能够大幅提高你的工作效率。

要注意的是，对上司投其所好，并不代表曲意奉承，失去自己的原则。注意，大部分的上司也不喜欢这样的人。

另外，在工作中，不仅要对上司用心，对待自己的同事也应该处理好各种关系，因为日常的工作，大部分还是要与他们合作才能完成。

对待同事，也要抓住对方的喜好，了解他们每一个人的脾气个性，与他们灵活相处，这样才能受人欢迎。

**职场人际关系的四句箴言**

箴言一：面对得失荣辱，把自己看成别人。

箴言二：处理事情，把别人看成自己。

箴言三：听到别人的隐私，把别人看成别人。

箴言四：面对尊严和原则时，把自己看成自己。

# 5

# 关心送到心坎里

将合适的人请上车，不合适的人请下车。

——詹姆斯·柯林斯

## 读故事

战国时代，有一位很有名的将军吴起，他不仅能征善战，还非常爱惜自己的下属，他和下级士兵穿一样的军服，吃一样的饭食，睡觉的时候不特别铺席，行军的时候也不乘坐车辇。

有一次，吴起看到一位士兵因为肿瘤而痛苦难忍，他毫不犹豫地用嘴为士兵吸出了肿瘤里的脓血，这个举动让每个士兵感动不已。

不久之后，这件事情被士兵的母亲知道了，老太太痛哭失声。

一旁的人不懂了："儿子得到吴起将军垂爱，老太太为什么要痛哭呢？"

老太太抽泣着说："吴起将军确实爱兵如子，我丈夫当年就是因为如此，誓死效忠，最后战死沙场……如今我的儿子也是这样，难道老天也要亡我的儿子吗？"

士为知己者死,吴起的行为赢得了士兵的拥护和支持,所以吴起攻无不克、战无不胜。

但在现代社会,大部分的管理者都知道人才是公司的核心竞争力,所以他们对待下属,不仅会放下等级差异,更常常搏感情以获得更大的效果。

让员工认同你,让员工甘愿为你工作,这确实是管理上的真正胜利,但,在实际操作中难免会出现各式各样的问题。比如表面上体贴关心下属,却永远只是出一张嘴,不见行动;将关心下属与物质施舍画上等号;对下属有求必应;关心下属时带有明显的功利色彩……

关心下属,最好要掌握时机,运用好技巧,收效会更佳。

1. 从下属的真正需求入手。

和谐美满的生活是良好工作的保证,当员工的家庭出了问题需要帮助时,作为上司应该在自己的能力范围内,尽可能地帮助下属。总之,上司应该想员工之所想,急员工之所急,真正为员工做些实事。

2. 关心下属的身体健康。

身体是革命的本钱,如果下属的身体健康出了问题,就无法保证正常工作。所以,当发现下属健康不佳时,应及时让员工休息,而不应该一味地将员工当成工作机器。

关心员工健康非常重要,也可以在员工的心目中建立好形象,但要注意,要一视同仁,不应该厚此薄彼,否则容易造成下属的心理不平衡。

3. 记住下属的生日。

很多人都重视生日,就算自己不重视,也会有其他人重视并且帮忙庆祝。如果上司能够把握下属生日这个机会,送点小礼物,或者生日蛋糕，下属肯定会很有感觉。另外，上司光临自己的生日宴会，这么有面子的事情，下属肯定会暗暗得意好一阵子，这无疑也会使下属更努力地工作。

人的需求是多方面的，作为上司应该了解下属最迫切的需求，金钱、情感、地位还是其他东西，在下属最需要的时候，真诚地满足其需求，将会收到事半功倍的效果。

下属感受到上司的关心，就会以更深的真诚来回报，这就是成功管理带来的好处。

# 6

# 棒子与胡萝卜

人才是利润最高的商品,能够经营好人才的企业,才是最终的大赢家。

——柳传志

## 读故事

南宋理宗时,衢州江山县有一群人想占山为寇,商量好了暴动的日期和地点。

没想到跑腿传递消息的人被官府抓住了,知州陈垲详细了解这些人的情况后,就派人送了酒肉过去,并且附带口信:"你们不做良民做草寇,不去耕田玩刀枪,有什么好处?请你们好吃好喝一顿,希望诸位自重,如果不听劝,本官也只能请你们安心上路了。"

准备暴动的人得知密谋已泄,官府有了准备,只好纷纷前去自首。

接着,陈垲又下令:献出兵器的自首者一律予以重赏。于是投奔官府的人越来越多,陈垲未发一兵一卒,从容地平息了这场即将发生的暴动。

**学交际**

明成祖曾经说过如下的一段话:

"作为一国之君,用人应该小心谨慎,绝不能马马虎虎,必须让众人信服。如果录用一个人,天下的人都知道他为善,那么谁还不肯为善呢? 如果惩罚一个人,天下的人都知道他为恶,那么谁还敢为恶呢?"

自古以来,无论是高明的统治者还是企业管理者,他们在管理下属的时候,恩威并施都是屡试不爽的手段之一。恩威并施,一方面可以使下属因为你对他们的恩情与照顾而感激你,愿意为你效劳;另一方面,下属在面对你的威权时也会心生畏惧。这种敬重与害怕共存的感觉,其实是一种成功管理的体现。

在实际管理的过程中,恩威并施的手段有很多,也非常灵活,比如软硬兼施、赏罚分明等等。一个懂得恩威并施的管理者,一定是一个好演员,他知道什么情况应该唱白脸,什么情况应该唱黑脸,他能够有效地控制下属的情绪,让下属能够心甘情愿地认真工作。值得注意的是,作为一个管理者,对每一个员工都要有充足的了解和掌控能力,才能掌握好恩威并施的尺度与方式。

# 7

# 及时管理好情绪

人事关系在社会上是一种资本，若要它经久，就不得不节用。

——列夫·托尔斯泰

## 读故事

汉朝初立，有一天，张良找到了刘邦，说："陛下，不少将领在商量着谋反。"

刘邦大惊："天下才刚刚平定，他们却要谋反，为什么？"

张良说道："陛下，您从平民走到今天登基，多亏了将领们的鼎力相助。可是，您得了天下之后，册封的功臣大部分是您的亲信，所以没有被封赏的人开始担心了，他们害怕您兔死狗烹，鸟尽弓藏，找借口将他们杀掉。"

刘邦心惊胆战，问："那应该如何是好？"

张良问："陛下平时最讨厌的将领是谁？"

刘邦想了想，说："雍齿是个反复无常的败类，我早就想杀掉他了。"

张良说："那就先封雍齿为侯吧。"

刘邦当即封雍齿为什邡肃侯，食邑两千五百户。听说了这件事情，其余的将领们才松了一口气，谋反的计划也不攻自破了。

## 学交际

作为管理者，平时一定要注意下属的情绪。当他们牢骚满腹时，管理者应该分析原因，及时透过谈心、调薪、调职等方式积极解决，下属心平气和，工作效率才高。

至于那些看不到自己的缺点，一味埋怨公司和上级的下属，一定要让他们知道自己的过错所在。公司可以制定奖励晋升评判标准，让每个员工清楚了解这些标准，同时选出一些做得比较好的员工，作为其他员工的榜样。只有这样，才能让这些爱发牢骚的人知道，不提升自己，发牢骚是没有用的。

一个商人想了解马铃薯的市场行情，就派了两个下属去调查。

没多久，第一个下属回来了，他对商人抱怨天气酷热，非常辛苦，然后汇报今天马铃薯的市场价格，说完就去休息了。

过了好一阵子，第二个下属才大汗淋漓地跑了回来，他说："今天马铃薯是每斤二元左右，昨天每斤二元二角，看样子，今天应该是最近价钱最低的时候了，明天肯定会涨。"

商人思考了一下，就叫下属去市场买一些回来，下属说："马铃薯商人正在门口等。"

隔天，商人辞退了第一个下属。

# 8

# 透析职务设计也是人际课题

用人不在于如何减少人的短处,而在于如何发挥人的长处。

——彼得·德鲁克

## 读故事

楚汉相争的时候,魏无知向刘邦推荐了陈平。

初次见面,刘邦与陈平谈得很投机,于是让陈平留在身边担任都尉,监护三军将校。

这个举动引起其他将领的不满,他们对刘邦说:"陈平未必有真才实学,听说他与自己嫂子私通,还先后归顺过许多人。自从您用了陈平以后,他收受贿赂,给得多的将领才能得到好评;给得少的什么都没有。陈平根本是一个乱臣贼子,大王明鉴!"

刘邦一听,一肚子火,心里也有了疑惑,立刻叫来魏无知,严厉地责备他推荐人才之前没有好好调查一番。

魏无知说:"大王,我之所以举荐陈平,是因为他的才能,而非他的品行。才德双全的人很少,有德无才的人也不能担当帮助大王打江山的重任。陈平与其嫂私通,收受贿赂,实在不重要;重要的是他能够为大王打多少胜仗，立下多少功劳。"

刘邦想了想，私下对陈平说："听说你先后侍奉魏王、项王，如今又来帮助我，我该怎么相信你？听说你还收了很多贿赂？"

陈平说："魏王固执己见，不肯采纳我的建议；项王重用亲信；我来投靠您，是因为我听说您善用人才。收受贿赂，是因为我需要一笔钱来打仗，这些钱被我用封条封着，大王若不信，可以到我府上去查。如果大王依然不能信任我，请您恩准我归隐山林，那些贿赂，我全部退回，一分不少。"

听完陈平的话，刘邦不仅消除了疑虑，还重重奖赏了陈平，后来陈平也为刘邦出谋划策，最终帮刘邦夺取了天下。

## 学交际

用人的关键，在于发现他的一技之长，并尽量挖掘他的潜力。因为每一个团队都是各类人才的聚合体，大家一起同心协力，扬长避短，才会是一个健康有活力的团队。

作为优秀的管理者，应该将不同的人才运用得恰到好处，规避下属的缺点，发扬下属的长处。认真谨慎的下属可以去做财务或质管；喜欢出风头的下属可以去做销售或者公关；处事圆滑的下属可以去协调工作。

人无完人，作为管理者，不应该只看到下属的缺点，更应该发现下属的优点。

另外，很多管理者会单凭自己的主观判断来断定下属的长处，可是一个人的才能在不同的阶段与职位上，会有不同的变化，如果管理者不能灵活运用，就会导致人才的浪费。至于如何用人之长，可以参照以下建议：

1. 职务的设计应该适合普通大众，而不应该只针对才能特别出众的人。

2. 职务设计不但要能够带动每一个员工的积极性，而且能让每一个员工的能力得到充分的发挥。

3. 先考虑人员的特长，再考虑职务的要求。

4. 尽用他人之长，包容他人之短。

这四个原则中，前两个原则说的是职务设计的问题，后两个原则说的是能力评估的问题。

任何一个职位，需要的不是全能型的员工，而是适合这个职位的专才，这一点，是每一个管理者应该深入思考的问题。只有真正做到职务和人员能力的合理配置，才能做到人尽其才。

# 9

# 学会与狼共舞

跟没有什么话好说的人在一起时,反而容易说得更多。

——帕菲萨

## 读故事

宋朝王安石变法,苏轼不同意王安石的见解,两个人变成了政敌。

没过多久,王安石被罢免,苏轼则是发现了新法对百姓的好处,逐渐淡化了对王安石的敌对情绪,开始欣赏对方的才识。

没过多久,苏轼因为作诗诽谤朝廷入狱,皇帝要处他以重罪,听到这个消息,王安石连夜写信给宋神宗,里面写着一句话:"哪有人在这样的太平盛世处死才子呢?"

宋神宗考虑了一下,从轻发落,将苏轼贬为黄州团练副使。

后来,苏轼移官汝州,顺路去江宁拜访隐居的王安石,王安石骑着毛驴来接他。

苏轼穿着平民的衣服,笑着说:"草民苏轼求见大丞相来了。"

王安石笑着回答:"礼仪难道是为我们这些人设的吗?"

后来两人同游钟山,对彼此有分歧的话题避过不谈,逍遥自在地谈禅说佛，非常快乐。

 学交际

与自己喜欢的人相处不难，但要与自己不喜欢的人相处，需要真正的涵养和胸怀。

王安石与苏轼于公虽然势同水火，于私却可以雪中送炭，这种公私分明的处事方式，是一种高明的社交技巧。

人难免会遇到自己不喜欢的人，八卦的同事、啰嗦的师长、小气的上司等等。当自己的喜好和事业冲突时，不妨试试下列几个方法。

1. 宽容对待别人。

吃亏、委屈，学会忍让；宽容对待他人，不要斤斤计较，养成随和的性格，别人就会愿意亲近你。

2. 学会从别人的角度考虑问题。

多站在对方的角度考虑问题，从对方的实际利益出发。

3. 勇于了解对方。

对于自己不喜欢的人，应该尽量去发现对方的优点。

4. 学会尊重别人。

无论你喜欢或者不喜欢，都应该尊重对方。

5. 向对方表达自己的善意。

在关系不好的时候，你应该主动向对方表示善意，不要为了面子，丢掉人际资源。

 小知识

**职场中人际交往的四大禁忌**

❖ 乱发脾气。在人际交往中，应该控制自己的脾气，以平和的态度接人待物。

❖ 粗鲁无礼。待人接物如果粗枝大叶，毫无讲究，别人会认为你缺乏修养，而拒绝与你深入交往。

❖ 说话不留余地。说话一定要给自己留余地，不要把话说死，以免让自己陷入进退两难的境地。

❖ 流言蜚语。不要幸灾乐祸，更不要把别人的私事当作聊天的内容。

# 10

# 化解职场冷暴力

合作是一切团队繁荣的根本。

——戴维·史提尔

## 读故事

小陈很不开心。

昨天,他收到职务与办公室调动的通知,小陈原本是行政经理,调动之后得搬去另外一个办公室担任企划经理。

调动并不是问题,问题是,之前小陈跟企划部的林总经理闹得很不愉快,小陈几次抛出求和的橄榄枝,林总经理却一直把小陈当成隐形人。

办公室里面,谁对谁错很难说清楚讲明白,但小陈还是决定要重新开始,再次试图修复与林总经理的关系。

担任企划经理的第一天,小陈走进企划部的办公室,发现林总经理把他的位子安排在厕所门口。

小陈心里苦笑两声,对企划部的其他同事打了个招呼:"大家早安!"

沉默，死一样的沉默。几个企划部的同事甚至连头都没有抬，只是做自己的事情。

在职场中，小陈遇到的这种现象十分常见，它被称为"职场冷暴力"，也就是用非暴力的方式刺激对方，比如冷漠、孤立、陷害、精神折磨，强迫别人主动辞职等等。

职场冷暴力，其实是人际关系扭曲、不健康的体现，专家研究发现，在现代职场中，竞争越来越激烈，工作压力越来越大，这成为人际关系不健康的导火线。

大部分的职场冷暴力，会发生在上对下的关系中，多半是上级凭借权势欺压下级，这也是一种权力的不正当应用。在这种关系下，受伤最重的往往是下属，当然，这种情况在同事间也会发生。

职场冷暴力，表面上看起来平静，实际上却是暗流涌动。

调查结果显示，在职场冷暴力之中，只有不到两成的人会积极主动地解决问题；大约五成的人会沉默以对，但他们工作的效率会受到严重影响；大约三成的人则会针锋相对，以牙还牙。

随着社会压力的增大，职场冷暴力会越来越严重，如何才能杜绝这种现象？

从根本上讲，应该从施暴者开始调整，解铃还须系铃人，上级与下级间的矛盾并非敌我矛盾，而是内部矛盾，是可以调整的。

另外，管理者应该多学习一些正确的管理方式，只有正确的管理，才能减少甚至杜绝职场冷暴力这种畸形的职场人际关系。

当我们遭遇职场冷暴力时，我们无法外求别人，唯一的方法就是寻求减压的方法，以下是几个减压的小建议：

1. 制定良好的作息时间表,适当的运动和充足的睡眠有助于抵抗压力。

2. 多吃绿色食物,吃素可以使人体的新陈代谢系统变得轻松,有利于抗压与纾压。

3. 当心情开始抑郁时,不妨寻求一些心理疗法,来疏导长期积聚的情绪。

4. 如果实在无法忍受下去,干脆申请调离部门或辞职,让自己脱离这个不健康的工作环境吧。

**与同事相处的艺术**

❖ 职场中人人平等。不论是上级还是下级,新手还是老手,请记住,你与别人是平等的,不要自大,也无须自卑。

❖ 同事和,则职场兴。和谐的人际关系是你一帆风顺的保障。如果你整天摆着一副苦瓜脸,或者自以为是的脸,没有人会买你的账。

❖ 不要太认真看待升迁加薪这件事情,想要升职加薪,请把心思用在努力工作上。

❖ 真诚待人。真诚是化解一切误解尴尬的良药。

❖ 小心小人。害人之心不可有,防人之心不可无,尤其是自己的私生活,一定要注意,小人就在你身边。

❖ 将每一个人当作好人,但心里要明白,并不是每一个人都是好人。

# 6 幸福
# 人际关键词

让人际交往更幸福的关键词就是"自我管理"。

自我管理好，人际关系就是彩色的；自我管理不好，人际关系就是黑白的。

成功建立个人品牌，就从自我管理起。

# ① 许自己一个诚信人生

信用是无形的力量，也是无形的财富。

——松下幸之助

 读故事

有一个商人在过河时翻了船，他大声呼救："谁把我救起来，我给他一百两黄金！"

在河里打鱼的渔夫将商人救到船上，商人却只给了渔夫十两黄金，说："十两黄金对一个打鱼的人而言，已经不少了，你一辈子才赚几个十两黄金？"

渔夫愤愤而去。

过了一段时间，商人又在这条河里翻了船，一样开出一百两黄金的救命钱。有人要去救商人，渔夫阻止他，说："这个人上次不守信用。"最后，商人就活活淹死了。

🌏 学交际

诚信，是一个人在社会中的一种重要资本，一个讲诚信的人，必然

会得到很多人的信任与帮助,必然会拥有很多朋友;反之,不讲诚信的人,不断透支自己的信誉,破坏自己的名声,最后只会毁掉自己的前途。

李嘉诚在谈到他的成功经验时,说:"人的一生,最重要的是守信,我现在就算有十倍的资金,也不足以应付那么多的生意,而且很多是别人找我的,这些都是我为人守信的结果。"

诚信的人,将因此拥有更多人脉,更多成功的机会,进而受益无穷。

在人际交往中,我们往往会许诺一些事情,但是,支票开出去,如果日后兑现不了,就会导致自己的信任危机,进而影响人与人之间的关系。

违背了承诺就是失信,可能短时间你会因此得到一些小利益,殊不知自己却损失了大的利益,因此,做出承诺的时候,必须考虑到自己有没有能力实现诺言。

随意向别人许诺,一时间可以满足对方,但慷慨带来的苦果,迟早要由你偿还的。

朱熹说过:"欺人亦是自欺,此又是自欺之甚者。"

在必须要做出承诺的情况下,先考虑一下自己实际的情况,有把握做到再承诺;如果做不到,宁可拒绝对方也不能碍于面子硬着头皮去做。对于已经承诺的事情,我们应该时时刻刻警醒自己,尽量在承诺的时限内做到,并将每一次承诺看成是建立信誉的良好机会。

西班牙谚语说:"诺言快似骏马,但事实可以追上它。"其实,承诺是有技巧的,学会给自己留一定的余地,毕竟事情变化太快,可能承诺时有实现的条件,没过多久就没有了。

小知识

### 人际交往的初始和新近效应

第一次交往中给对方的印象,会在对方的头脑中占据主导地位,我们常说"给人留下一个好印象"，就是指初始效应。

因此，在交友、招聘、求职等社交活动中，我们可以利用这种效应，把最好的形象展现出来，为以后的交流打下良好的基础。

当然，这只是暂时的，更深层次的交往，需要你提高谈吐、举止、修养、礼节等各方面的素质，否则会导致负面影响，也就是新近效应。

与初始效应相反，新近效应是指交往中最后一次见面给人留下的印象，这个印象在对方的脑海中也会存留很长一段时间。

多年不见的朋友，在脑海中印象最深的，就是临别时的情景。一个朋友总是让你生气，可是谈起生气的原因，大概只能说上两、三条，这也是一种新近效应的表现。

利用新近效应，在与朋友分别时，给他一个完美的背影。

你的美好形象会在他的心中存在很久很久。

# ②

# 你用什么器量给人

谁敢说自己永远不需要别人的宽容？

——屠格涅夫

## 读故事

有一次，刘宽赶着自家的牛车外出办事，在路上，一个人盯着刘宽的牛看了半天，说刘宽的牛是自己家走失的牛。"你这个小贼，偷了别人家的牛，还胆大包天地将牛赶出来！"

刘宽也没说什么，下了牛车把牛交给对方，自己拉着车回家了。

过了几天，那个人牵着刘宽的牛找上门，满脸羞愧，赔礼道歉："对不起！对不起！我家的牛已经找到了。我冤枉了你，实在惭愧。"

刘宽丝毫没有责怪这个人，反而和气地说："世间相似的事物很多，难免会误认，这不是你的错，千万不要介意。"

人们从来没有见过刘宽发脾气，与刘宽一起生活多年的刘夫人，也感到不可思议，就想了一个办法，来试探刘宽的度量有多大。

某天早上，刘宽穿戴整齐正准备出门，刘夫人让婢女端了一碗热汤，故意泼到刘宽的身上，刘宽没有说什么，先问婢女："有没有烫到手？"

丈夫的宽宏度量竟然达到了这种程度，夫人不禁大为折服。

圣经上有句话："你用什么器量给人，别人也用什么器量你。"

在现实生活中，有些人常常对一些小事情争得不亦乐乎，尤其涉及利益的时候，从来不肯退让半步，甚至为此大打出手，反目成仇。

1981年，美国总统里根遭到约翰·欣克利的枪击，子弹击中车门，射进里根的第七根肋骨，离里根的心脏只差一英寸。

一时间，美国人民群情激愤，然而里根却对家人说："我躺在医院里的时候，心想：假如我将不久于人世，那我该多花点时间祈祷，不只为我自己，还为了欣克利，如果上帝爱我，他也该本着既往不咎的精神去爱欣克利。"

里根原谅了差点害死他的欣克利，这种宽容的胸怀，赢得了美国人民的爱戴和支持，这也是他日后能够以优势获得连任的一个重要原因。

在人际交往中，想要和谐相处，就必须掌握相容原则。相容是指人际交往中的心理相容，也就是人与人之间融洽关系的起因，包涵、宽容、忍让，遇事多为别人着想，即使别人犯了错误，也不要斤斤计较，以免伤害彼此之间的感情。现实生活中，我们交往的对象常常呈现四种形态：内方外方，内方外圆，内圆外圆，内圆外方。与不同形态的人物交往时，要用不同的相容之道。

1. 诚实委婉对待内方外方的人。

内方外方的人，喜欢直来直往，不喜欢兜圈子。这种人棱角分明，最讨厌阳奉阴违、谎话连篇的人，所以我们应该以诚待之，否则会引起对方反感。

另一方面，内方外方的人秉性刚直，有时会口无遮拦，这个时候，我们不妨转移主题，或者幽上一默，赞扬一句，巧妙地加以引导；即使他们说话伤害到自己时，也不要发火。

有一位知名作家，是典型内方外方的人。在作家事业如日中天的时候，一个年轻人写给他一封信，要求和他合写一部小说。

作家看完信后，对年轻人的大胆和不自量力有些生气，回信说："你怎么会想要把一匹高贵的马，和一头卑贱的驴子套在同一辆车上呢？"

年轻人收到作家的回信，又回了一封信给作家："尊敬的阁下，您真是太抬举我了，竟然把我比作高贵的马。"他在信中委婉地介绍了自己的写作特长以及合作的利益。

作家看到回信，不禁哑然失笑，立即回信给年轻人："我的朋友，你很有趣，请把文稿寄过来，我很乐意接受你的建议。"

2. 礼节周全地对待内方外圆的人。

内方外圆的人往往城府较深，处世圆滑谨慎，有原则，处事稳妥，在复杂的人际关系中，往往能够游刃有余、八面玲珑。

与这样的人打交道，一方面要知礼数，这类人看起来容易相处，实际上他们最不喜欢不懂礼节以及心地不正的人，与他们相处，你必须表现出积极健康的心态。

另一方面，要把握适度原则，相处时讲究分寸，不要因为对方脸上挂着微笑就得寸进尺，忘乎所以。

3. 有原则地对待内圆外圆的人。

内圆外圆的人，一般比较自私自利，甚至会设计圈套陷害人。与此类人交往时，一定要把握原则，并暗示对方自己的诚信是在他讲信用的基础之上，以此来告诫对方，否则就不和对方打交道。

4. 灵活对待内圆外方的人。

内圆外方的人，往往攻于心计，喜欢玩两面手法，对我们来说具有欺骗性。对待这类人,我们应该学会灵活变通,透过对实际状况进行分析,了解探寻其内心真正的想法,然后找出适合的方法,引导其走向正确的交往轨道。

 小知识

**人际交往的月晕效应**

月晕效应最早是由美国心理学家爱德华·桑戴克提出的,他认为,人们对交往对象的认知和判断,往往只从局部得出整体印象。

一个人如果被标明是好人,他就会被赋予一切都好的品质;如果一个人被标明是坏人,他就会被认为具有各种坏品质。

月晕效应不但表现在以貌取人上,还常表现在以服装定地位性格,以初次言谈定人的才能与品德等方面,评价不太熟悉的人,这种效应尤其明显。

有时候,月晕效应会对人际关系产生积极效应,比如你对人诚恳,那么即使你能力较差,别人也会信任你的能力,因为对方只看见了你的诚恳。

# ③ 平等互利是王道

所谓的友情,是平等的人之间撇开利害关系的交际。

——歌尔德·史密斯

## 读故事

乔治·华盛顿还在担任殖民地总司令的时候,某次他身穿一件大衣走出营房。路上的官兵都没有认出他。走着走着,他看到一个上士双手插在口袋里,指挥士兵们将一块巨石搬到一个特定的位置上。

"用力!用力!"

尽管士兵们使出了吃奶的力气,石头却始终没有移动,华盛顿搓了搓手,走过去开始一起使力,最后终于把巨石推到了指定的地点。士兵们转过身,热情地拥抱乔治·华盛顿,表示感谢。

乔治·华盛顿问那个上士:"你为什么不上前帮忙呢?"

上士傲慢地说:"难道你看不出我是上士吗?"

"这倒是事实。"乔治·华盛顿脱下大衣,露出军衔,"我是上将,不过下次需要抬重物的时候,我还是可以帮忙。"

现实社会中，尽管法律整天喊着人人平等，但实际上，人有财力贫富之别，职位高低之别，容貌美丑之别，有差别，就意味着不平等。

但是，从生命的角度来说，人是平等的，每一个生命都值得尊重。物质、财富上的差距，不必在意，更不必自卑，从这个角度来看，我们应该尊重并平等对待每一个人。

只有你平等地对待别人，别人才会同样平等地对你，根据对方的社会和经济地位，来区分交际态度的做法，是短视的、势利的，俗话说十年河东十年河西，今天的下属，明天可能会成为你的上司，今天的大富翁，明天可能会变成穷光蛋，只有用平等的眼光、真诚的心态去结交朋友，才会赢得更多的朋友。

我们应该如何处理人与人之间的关系？只要把握一个原则，就能以不变应万变，这个原则就是我们前面所讲的平等原则。

另外，人际交往中的互惠互利原则，从某种意义上来说，也是平等原则的一种延伸。无论交际的目的是出于何种，总要有付出和奉献。对方的平等感获得满足后，也会把你想要的东西回馈给你，来而不往非礼也，一来一往，我们不仅收获了利益，还收获了友情。

由于受传统观念的影响，东方人在交往中是很忌讳谈功利的。事实上，人与人之间的交往需求，大致可以分为两个层次：一个层次是以情感定向的人际交往，比如亲情、友情、爱情；另一个层次是以功利定向的人际交往，也就是为实现某种功利目的而交往。

不管是感情还是功利，既然人际交往是为了满足双方各自的需求，那么交往的延续就有一个必要的条件：交往双方的需求和满足，必须保持平等和平衡，否则人际交往就会中断。也就是说，人际交往的发展要在双方需求平衡、利益均等的条件下才能进行。

所以，我们不妨承认这个事实：互利，是人际交往的一个基本原则；既要感情又要功利，是人际交往的一个常规策略；而需求平衡、利益均等，是人际交往的一个必要条件。

**人际交往的刻板印象**

刻板印象，是指人们用自己对某一类人的固定印象，去判断和评价另一个人的心理现象。例如提到法国人，很多人首先浮上脑海的就是浪漫。

人们不仅对曾经接触过的人产生刻板印象；对从未直接接触过的人，也会根据某些未必切实的间接资料产生刻板印象。

有时候，刻板印象在人际交往中产生积极的作用，然而一般来说，它的消极作用更大，因为它的一概而论，大多与事实不符甚至完全相反，以错误的事实去处理人与人之间的关系，怎么能不出问题？

那么，我们应怎样防止和克服刻板效应的消极影响？

❖ 防止简单化。凡事依据常理做一定的概括是必要的，但更重要的是，掌握全面的信息，分析具体问题，留意个别差异。

❖ 克服群体感情。群体感情容易走向极端，不是偏好就是偏坏，况且群体与其成员是有距离的，一概而论，绝对不可能符合实际状况。

# 4

# 人际交往的保密原则

保守秘密时，秘密是忠仆；泄漏秘密时，秘密是祸主。

——阿拉伯谚语

 **读故事**

国王怀疑王后与人有私情，就找到了王后的忏悔牧师内伯穆克，要他把王后忏悔的内容说出来。

内伯穆克严格恪守教规，拒绝了国王的要求。国王大发雷霆，于是让士兵将内伯穆克从查理大桥上扔进了河里。

就在内伯穆克沉入水中的那一刹那，五颗闪亮的星星出现在天上，似乎在为内伯穆克哀悼。

人们对内伯穆克的去世，感到非常难过，当地的教会称内伯穆克为"圣约翰"，以此来称颂纪念他对上帝的虔诚，他也因此成了捷克人眼中为了保守秘密而牺牲的英雄。

**学交际**

在社会交往中，有的人无论是对自身的或是别人的秘密都疏于保密，认为不是什么了不起的事情。不仅如此，很多人还以探听别人隐私为乐趣，津津乐道别人不愿谈及的秘密，他们觉得，只有这样才能算是真正的坦诚。

不可否认，坦诚是交际中的美德之一，但坦承不代表要把自己的内心世界完全打开给人看，每个人都有秘密，这是正常的，也是必要的。

什么是秘密？

从辩证的角度看，秘密是相对的，当你把秘密告诉给别人，秘密就不再是秘密了。更别说第二个人告诉第三个人，第三个人告诉第四个人，如此下去，秘密就成了众所皆知的新闻。

我们在初次见到一个人时，难免会说一些关于自己的事情，以为这样才是真诚。在不了解对方的前提下，将自己的家底告诉人家，结果不久后，自己的秘密变成了别人茶余饭后的谈资，所以，在初交朋友时，一定要注意克制自己，冷静保守秘密。

再比如，你对公司有种种抱怨，找不到发泄的对象，一时郁闷至极，遇到一个谈得来的同事，便将对方视如知己，将平时对公司和同事的种种不满，一股脑儿说给对方听。痛快之后，问题很快接踵而来，所有人都知道了一切，这无疑是自断前程。

有些人具有强烈的表现欲，他们既想说出心中的秘密来炫耀一番，却不想让太多的人知道，于是他们往往使事情变得欲盖弥彰，最后秘密也不再是秘密了。

有的人喜欢把闲言闲语、蜚短流长当作秘密，每告诉一个人时都会说："我只告诉你一个人，你千万不要说出去！"热衷于这样传播秘密的人，一方面是在显示自己消息灵通，另一方面也希望和别人拉近关系。但多半是费力不讨好，而且一旦被别人当成八卦王，人际关系往往会走进死胡同。

怎样才能对应该保密的事情保密呢？

1. 克制自己的表现欲,谨言慎行。

2. 尊重自己的秘密,也尊重别人的秘密。

3. 婉言拒绝别人探听秘密的要求。

美国总统罗斯福在做海军部长助理时,他的一位好友前去看望他。聊天的时候,朋友问起海军在加勒比海建立基地的事。

朋友严肃地问罗斯福:"我只要你告诉我,有关基地的传闻是否确有其事?"

罗斯福看了看四周,压低声音问:"你能保证对这件事保密吗?"

朋友连忙回答:"能!"

罗斯福点了点头,说,"我也能。"拒绝了朋友探听秘密,又不会伤害到友情,相信这位朋友在想明白之后,会更加尊重罗斯福的为人。

4. 不陷害、不诬陷、不诽谤、不揭短、不嫉妒。

保守秘密,并不是把自己禁锢起来。商业机密、技术机密,那是真正的秘密,我们必须保密;生活、工作中的许多秘密,闲话、坏话,其实与秘密无关;而个人的感受、观点,它们有正常的渠道或方式抒发表达,其实也不算什么秘密。把以上这些都分清楚了,我们心底就能坦然。

# 真诚是最好的桥梁

世间好看事尽有，好听话极多，惟求一真字难得。

——申居郧

　　三国时代，刘备听说有个人叫诸葛亮，如果能得到他的帮助，就可以得到天下，立刻就带着关羽、张飞前去拜访。

　　刘备满脸和蔼地对书童说："汉左将军宜城亭侯领豫州牧皇叔刘备，特来拜见诸葛先生。"

　　书童抬头看着刘备，说："我听不懂你在说什么。"

　　刘备一愣，只好说："我是刘备，来拜见先生。"

　　书童这才告诉刘备诸葛先生外出，回来时间不确定。

　　过了几天，刘备又去拜访诸葛亮。雪下得很大，莽撞的张飞很不满，对刘备说："不过是个乡下的读书人，哥哥何必亲自前去？我去把他抓过来就是了。"

　　刘备怒喝："卧龙先生是当代的大学者，哪轮得到你造次！"

　　这一次依旧没有见到诸葛亮，只见到了诸葛亮的弟弟诸葛均。诸葛均告诉刘备,哥哥去拜访朋友了。刘备非常失望,只好留下一封信,表示自己希望得到诸葛亮的帮助,平定天下。

第三次,刘备选了个好日子,又来到了隆中。这次诸葛亮在家,但他正在睡觉,刘备就在草庐外静静地站着。过了很久很久,诸葛亮才醒来,刘备便向他请教平定天下的办法。见到刘备有志替国家做事,态度真诚,诸葛亮决定全力帮刘备建功立业。

真诚是人与人之间沟通的桥梁,也是每一个人在交往中渴望达到的境界,如果你经常觉得人情冷漠,自己没有真心的朋友,问题很有可能是出在你身上。只有先展现真诚,才能感受到对方的真诚。

美国心理学家安德森做过一个调查。他选出五百个描写个性的词汇,让所有参加的人各自选出自己喜欢的和厌恶的。

结果显示,所有人都喜欢的八个形容词中,有六个与真诚有关,它们分别是真诚、忠实、诚实、真实、信得过、可靠,而所有人都厌恶的词汇则有三个:虚伪、虚假、不老实。

大多数人喜欢真诚,讨厌虚伪。良好的交际源自于真诚,但我们要切记,真诚不代表口无遮拦,说话不经大脑。

我们该如何表现真诚?

第一,真心的真诚。

真诚不是口头上的,是发自于内心的,从心里流露出的真诚,自然会在言行举止中表现出来。

第二,专注、柔和、微笑。

用专注而柔的微笑直视对方的眼睛,但不要长时间盯着看。

第三,姿势端正。

坐有坐相,站有站相,一个左右摇摆、肢体抖动,一副玩世不恭样子的人,很难获得别人的好感。

第四,语气柔和。

说话不要太生硬,尽可能保持语气柔和婉转,用疑问句取代肯定句。

第五,学习正确的语言表达要素。

语调、语气、语速,都会影响到说话的效果,针对不同的人,要适当调整以上要素。

第六,缩短握手的距离。

人们握手的时候,彼此的距离大约是 30 到 70 公分。试着把这个距离稍微拉近一点,也会拉近彼此之间的心理距离。

第七,用手势配合语言。

研究发现,合理的肢体语言能够协助语言的表达。在讲话时,可以借助一些礼节性的手势,来表达自己的真诚,往往会收到很好的效果,但是手势应该柔和适度,不能过于生硬。

人际关系大师卡内基说过:"真诚就如同微笑一般简单,如果你做了,你很快就能相信自己,而后由衷的真诚感觉将随行动而至。"

埋下一粒真诚的种子,就是为自己的未来收获丰硕的果实。

 小知识

**人际交往的"三 A 原则"**

在人际交往中,尽可能去接受(Accept)、欣赏(Appreciate)、赞美(Admire)。美国学者布吉林认为,接受、欣赏、赞美,是满足人们自尊心的基本原则,在人际交往中,很难被其他东西所替代。